運命をひらく

生き方上手
松下幸之助の教え

本田 健
Ken Honda

PHP

はじめに

松下幸之助は、世界的大企業パナソニックの創業者です。

２００８年までは、パナソニックも、松下電器産業という社名だったので、若い人でも、松下幸之助の名前をなんとなく見聞きしている人も多いでしょう。

松下幸之助は、和歌山県の豊かな地主の両親の元に生まれましたが、４歳のときに父親が米相場の失敗により破産してしまいます。

９歳で小学校を中退して丁稚《でっち》奉公《ぼうこう》に出て、商売の道に進みます。23歳のとき、後にパナソニックとなる松下電気器具製作所を創業。優れた経営手腕で、幾多の困難を乗り越え、一代で町工場を世界的な電器メーカーに育てあげました。

昭和から平成になってすぐに亡くなったので、もうすぐ没後30年になります。

彼は、経営者としてだけでなく、思想家としてもベストセラーを連発するなど、いろんな分野で成功を収めました。

戦後すぐの１９４６年には、ＰＨＰ研究所も設立しています。ＰＨＰとは、"Peace and Happiness through Prosperity"の頭文字をとったもので、「繁栄によって平和と幸福を実現する」ことをビジョンに掲げています。

このたび、ＰＨＰ研究所創設70周年にあわせて、松下幸之助の本を書いて欲しいと、編集部から依頼をいただきました。

私は、税理士だった父の影響で、小学生の頃から松下幸之助のファンでした。当時、私の父のような関西の経営者にとって、松下幸之助は神様のような存在でした。幸之助について語る父の話し方からも、心から尊敬している様子が伝わってきたので、子どもながらに、すごい人だと感じていたと思います。

そんなわけで、執筆依頼を受けたとき、大変光栄に感じました。ですが、同時に神様の本を書くのは、自分には恐れ多いことだという思いもありました。

しかし、松下幸之助のことを「若い読者のみなさんにもっと知ってもらいたい」という気持ちを抑えることができず、自分の非力さは知りつつも、松下幸之助についての本を執筆させていただくことになりました。

折しも、私自身が英語で日本に関する本を書こうと思って、日本の偉人の伝記を読み返していたところでした。

その中に、100年前に英語で書かれた世界的ベストセラー、内村鑑三著『代表的日本人』がありました。

その本では、西郷隆盛、上杉鷹山《ようざん》、二宮尊徳《そんとく》、中江藤樹《とうじゅ》、日蓮《にちれん》などが取り上げられています。もし、自分が21世紀に、『代表的日本人』という本を英語で書くなら、誰を取り上げるだろうか、と考えました。

今、尊敬できる日本人の名前をあげるようにと言われれば、聖徳太子、徳川家康、勝海舟《かつかいしゅう》、坂本龍馬《りょうま》といった名前が出てくると思います。

それが、歴史上の人物ではなく、ごく最近の人物の名前をあげて欲しいとなると、トップに松下幸之助の名前があがるのは間違いないでしょう。

なぜなら、丁稚奉公から身を起こし、パナソニックなどの世界的な企業を作ったことで「経営の神様」と呼ばれたこと、浅草寺《せんそうじ》の雷門と大提灯《ぢょうちん》などに代表される寄付をしてきたことなどが知られているからです。

晩年、私財70億円を投じて松下政経塾を作って、人材を残そうとしたことなどからも、ほかの実業家とは違った尊敬を受けています。

松下幸之助の著書『道をひらく』は、日本の戦後ベストセラー第2位の発行部数で、累計部数はなんと520万部を超えるそうです。

今でも、毎年10万部は売れるという驚異のロングセラーで、この本が、日本の出版史上最も売れた本になるのは、時間の問題でしょう。

私は、高校生の頃から松下幸之助の著作は手当たり次第に読んでいたので、幸之助のことには相当詳しいと自負していましたが、編集部の方と話していると、こちらが恥ずかしくなるぐらい、みなさんよくご存じでした。

そこから奮起して、松下幸之助についての研究を開始しました。

45巻に及ぶ『松下幸之助発言集』を3セット買い求め、自宅、オフィス、八ヶ岳にあるそれぞれの書斎に置き、丹念に読み込んでいきました。

それから、絶版になった本も含めて手に入る限りを取り寄せ、目を通しました。

幸之助のすごいところは、一般の書籍以外にも、たくさんの発言を残していることです。古いものでは38歳のときの朝会の話が記録されており、戦後間もなくＰＨＰ活動を始めた頃には、講演するときには速記者を連れて行き記録させていたそうです。

テープレコーダーができてからは、自分の会社の最新式の製品を使って録音させています。ＰＨＰ研究所の京都本社には、火災や地震が起きても万全な資料室があり、そこに幸之助関連の貴重な資料が残されています。

その数は、音声資料だけでも３０００本に及ぶといわれ、今なお、収集、データ化、研究等が続いています。

本書の執筆のために、私もその資料室に入れていただき、膨大な講演・講話録、映像資料を見せていただきました。中には、ホンダの本田宗一郎、ソニーの盛田昭夫などと、日本の未来について語り合っている珍しい記録などもありました。

私は、松下幸之助の研究者ではありませんが、本書では、一ファンとして、松下幸之助の生き方に迫っていきたいと思います。

私は、偉大な経営者としてだけではなく、ごく普通の人間としての松下幸之助の生き方にとても共感しています。彼がもし生きていたら、彼からどんな話を聞きたいだろうかと考えて、私が好きなエピソードを選んでいきました。

膨大なエピソードの中から、二百数十ページにまとめる作業は、喜びだけではなく、苦しみを伴いました。なぜなら、どのエピソードを入れるかよりも、「どれを入れないか」を決めなければいけなかったからです。

しばらく前の話ですが、妻に増えすぎた本を減らして欲しいと言われて、しぶしぶ蔵書を整理することになりました。手離す本の箱、取っておく本の箱の２つを用意したのですが、本好きな私は、ひさしぶりに手に取った本を読むばかりで、数時間たっても結局1冊も手離す本の箱に入れられませんでした。

今回のエピソード選びにも、同じような苦労がありました。

本書に載せたのは、数百倍の倍率を勝ち残った32のエピソードですので、きっと楽しんでいただけると思います。

もうすぐ幸之助の没後30年になります。亡くなった当時、松下電器の若手だった社員も、定年を迎える頃になっています。

幸之助のお孫さんにあたるパナソニック副会長の松下正幸氏とお会いしたときに、今のパナソニックの中には、幸之助と親しく接した現役の社員はもういないという話が出ました。

それだけ時間がたっているので、松下幸之助は、歴史上の人物のように思う方もいるかもしれません。ですが、いろんなエピソードを読んでいるうちに、彼も私たちと同じように苦しみ、悲しみ、そして喜んだことが、理解できると思います。「幸之助さんもいろいろあったんだなあ。自分も頑張ろう！」と感じていただければ、著者として大変うれしく思います。

私が心から感動したように、お読みになるみなさんも、きっと勇気をもらったり、励まされたりすることでしょう。

また、明治、大正、昭和、平成を生きた幸之助のエピソードに触れるうちに、日本の近現代の歴史をごく身近に感じられるのではないでしょうか。

松下幸之助のどこがすごいのか？

松下幸之助について書かれた本は、何百冊もあります。それだけでも松下幸之助のすごさがわかります。

１９６２年、幸之助は『TIME』誌に登場、「無から最大の電器工場を作った男」「製造、販売の天才」「ちょっと悲しい目つきの男」などの見出しで紹介されました。

１９６４年の『LIFE』誌では、幸之助を単なるビジネスマンではなく、「５つの顔を持つ男」として取り上げ、文化人の側面も強調しています。

幸之助が世界的な注目を集めたのは、以下の理由だと思われます。

１．ビジネスで成功し、億万長者となった

２．思想家、哲学者としての顔も持ち、著作はベストセラーを連発した

3．雑誌、出版社のオーナーでもある

4．経営者だけでなく、一般の人からも広く尊敬されている

5．学歴もなく、貧乏だったところからスタートして、大成功した

これらすべてにあてはまっている人物は、世界中探しても、そうはいません。

実業の分野で成功したり、芸術、政治、教育など、複数の分野をまたいで活躍する人はいても、ここまで広範囲に活躍する人は珍しいでしょう。

『TIME』誌の表紙を飾った幸之助

当時の日本では、松下幸之助という人物は、極貧から身を起こして大企業を作った今太閤《いまたいこう》のような人物だと見なされていました。

しかし、欧米では、哲学者、思想家でかつビジネスも成功させた

知的な文化人として尊敬されたのです。

本書では、いろんな角度から、幸之助のユニークさをお伝えしていきます。

エピソードは、松下幸之助が日常で語ったちょっとしたことが中心ですが、普通の人とは「少し違う感性」を持っていたことがわかると思います。

有名なエピソードだけでなく、あまり知られていないエピソードも入れました。松下幸之助ファンの人でも、初めて読む話も多いのではないかと思います。

元部下が書いているもの、幸之助の発言集、著作から抜粋した文章など、いろんなスタイルのものが交じっています。何度も推敲《すいこう》しながら書いた文章だけでなく、松下幸之助の言葉をそのまま書き起こしたものもあります。その分だけ、臨場感があると思います。

やや読みにくいところもあるかもしれませんが、ご容赦《ようしゃ》ください。

また、本文では、松下幸之助のことを幸之助と表記します。松下だと距離がある感じがするので、読者のみなさまに親近感を持っていただくために、失礼ながらあえてファーストネームで統一します。こちらも、ご理解ください。

運命をひらく

~生き方上手〈松下幸之助〉の教え~

目次

第二章 衆知を集めて任せれば、運命はひらける

第三章 経営のコツを知れば、運命はひらける

第四章

素直な心で物事を見れば、運命はひらける

第五章　運と愛嬌があれば、運命はひらける

第六章　世界を愛し、与え続けた松下幸之助

序章

5分で理解する「松下幸之助の生涯」

序章では、まず松下幸之助の生涯から見ていきましょう。

松下幸之助は、1894年（明治27年）に、8人兄弟姉妹の末っ子、三男として和歌山県に生まれます。

松下家は、もともと小地主として資産家でした。しかし、幸之助が4歳のとき、父政楠《まさくす》が米の先物取引に失敗して破産します。

松下家は、所有していた土地や家を売り払い、それ以降ずっと貧しい生活を余儀なくされます。松下家にとっては、大変な時期でしたが、幸之助にとっては、家族の元から学校に通えただけ、まだ幸せな時代だったかもしれません。

幸之助は、5歳のときに次兄を亡くして以降、次姉、長兄も死を迎え、父が11歳、母も18歳で亡くなり、なんと26歳までにほかの姉たちも含め家族9人すべてを病気で失い、天涯孤独の身になっています。

9歳のときには、単身で大阪に働きに出ていた父の紹介で、大阪で丁稚奉公《でっちぼうこう》をすることになり、小学校を中退して火鉢店に勤めることになりました。

しかし、その店は3カ月で閉じることになったため、五代《ごだい》自転車商会に奉公。

当時は、まだ自転車が珍しく、ハイカラな仕事だと思われていたようです。

そのお店では、子どもがいなかった五代音吉《おときち》夫妻に我が子のように可愛がってもらい、家庭的な雰囲気の中で、商売のイロハを教わります。

とはいうものの、朝5時から夜10時までずっと仕事がありました。

店の掃除に始まり、店番、自転車の修繕の手伝い、主人の使いに出るなど、めまぐるしい1日でした。

休みは、基本的にはお盆と正月の年に2回。週休2日の今からはとても考えられない時代です。食事も一汁一菜で、魚がついてくるのは、月に2回だけでした。

1910年、路面電車を見て、「これからは電気の時代がやってくる」と強く感じ、幸之助は転職を決意します。

15歳のとき大阪電灯という現在の関西電力のもとになった会社のひとつに、内線係見習工として雇われます。

その後、一時は、工事現場から事務方に移るのですが、小学校もろくに出ていない幸之助は、字がうまく書けないために事務をあきらめて、現場の仕事に戻りました。

そのまま、事務方の仕事を続けていたら、松下電器は生まれなかったかもしれません。

この頃、体の弱かった幸之助は、肺尖《はいせん》カタル（肺結核の初期）にかかって、体調を崩しがちで、3日働いては1日休むといった生活をしています。

将来に不安を覚えながらも、姉に勧められるまま、顔もまともに見ないで、淡《あわ》路島《じしま》の舟乗りの娘むめのと結婚します。

当時のお見合いは、改まった席を設けるといったことはなく、道ばたで通りすがりに顔を見る程度のものでした。恥ずかしがり屋の幸之助は、相手の顔を見ることができず、義理の兄がかわりに見てくれて、結婚が決まりました。

その後、1918年（大正7年）、23歳で松下電気器具製作所を創業しますが、試行錯誤の末に、アタッチメント・プラグ、二灯用差込プラグを考案し、それが大ヒットします。続いて、二股ソケットを考案。これもよく売れて、一気に会社は大きく成長しました。

さらに、砲弾型電池式自転車ランプを考案、発売。このとき、問屋も小売店も扱ってくれなかったため、小売店に預け、実際に点灯試験をしてもらって理解・安心していただいてから代金を払ってもらうなど、前代未聞のマーケティングをやって成功します。

1927年には、スーパーアイロンが大ヒット。ナショナルランプの発売もこの頃です。「買って安心 使って徳用 ナショナルランプ」というコピーを自分で考え、新聞広告を出したのは有名な話です。

ところが、1929年（昭和4年）の世界恐慌の荒波が、日本を襲います。

そのために、売上は半減し、あっ

1920年（大正9年）に発売された二股ソケットは大ヒットに

という間に在庫が山積みになりました。

リストラ必至のところを幸之助は、ひとりの首も切らずに、みんなで危機を乗り切ります。このあたりのことは、後で詳しくお話しします。

1932年は、幸之助と松下電器にとって画期的な年となりました。ある宗教団体を見学した幸之助は、教団の繁栄ぶりや信者たちの敬虔《けいけん》な態度、喜びにあふれて奉仕する姿に感銘を受け、そこから自分たち産業人の使命について気づきを得たのです。そして5月5日、幸之助は全店員を集めて宣言しました。

「……松下電器の真の使命は、生産に次ぐ生産により、水道の水のごとく物資を安価無尽蔵に供給し、この世に楽土を建設することである……」

すると、宣言を聞いた店員たちは感動に打ち震え、われ先にと壇上に駆け上がってその使命達成に邁進《まいしん》する決意を述べたのです。幸之助は、松下電器が真の創業に入った記念すべきこの日を創業記念日とし、この年を「創業命知《めいち》元年」としました。

以後、松下電器の発展は見違えるように力強いものとなり、業績を順調に伸ばしていきますが、やがて第二次世界大戦のはじまりによって、大きな時代のうねりに巻き込まれていきます。

松下電器の工場も、軍に協力せざるを得なくなります。

戦争末期には、軍からの要請で、造船会社と飛行機会社を設立することになり、56隻の木造船と4機の飛行機を作ったところで終戦。

不運なことに、幸之助は、軍関係の仕事でかかったお金を一時的な約束で個人保証していたために、大借金を背負うことになりました。

しかも、GHQ（連合国軍最高司令官総司令部）から財閥家族の指定や公職追放の指定など7つの制限を受け、経営者として仕事ができなくなります。また、個人資産も凍結され、生活費を引き出すにも、許可がいるような状態になったのです。

1948年には、当時のお金で4億円の借金に苦しみ、社員の給与の分割払いを余儀なくされます。また翌年、多額の物品税を滞納せざるを得ない状況に陥り、「税金の滞納王」と報道されるなど、幸之助にとっては、人生で最も苦しい時期が続きます。

でも、こういうときでも、めげずに自分のやれることをコツコツやっていくところが、幸之助のすごいところです。

経営者としての活動ができなかった戦後すぐの1946年には、PHP研究所を設立します。物心一如の繁栄をどう築くのか、どう生きるのかなど、人間研究を深め、各地へ講演に出かけたのもこの頃です。

各種の制限が次第に解かれ、本格的に仕事が再開できるようになったのは、終戦後5年近くたってからです。

1951年には、初渡米。世界と日本の力の差を実感します。

1952年には、オランダのフィリップス社と技術提携をすることになり、松下電子工業を設立します。

1961年、社長退任、会長に。

1973年、78歳で、会長も退任して、相談役に就任ます。そのときに、「私も数えで80歳。今が潮時です。この55年間にやるべきことはやりました。今は、われながらよくやったと自分で自分の頭をなでてやりたい心境です」と語っています。

社長退任の頃からは、本当にやりたかった人間研究にエネルギーを注ぎます。PHP研究所での活動に時間をかけ、著作の執筆に励みます。

1979年、私財70億円を投じて、84歳で松下政経塾を設立します。この塾は、21世紀の日本を担う人材作りを目的に設立され、多数の政治家を輩出することになりました。

1989年、昭和が平成になった直後の4月27日、94歳で永眠。

これが、松下幸之助の波瀾万丈《はらんばんじょう》の人生です。

本書では、幸之助の生き方をいろんなエピソードで追いかけていきたいと思います。

何も持っていなかった松下幸之助

幸之助は、成功の秘訣《ひけつ》を聞かれて、このように語ったことがあります。

「自分には学歴がなかった。病気がちだった。貧乏だった」

この答えを聞いた人は、幸之助が質問を聞き間違えたのではないかと思ったことでしょう。

なぜなら、その3つは、どちらかというと、成功できない理由だからです。自分が成功できなかったのは、家が貧乏だったからだ、病気がちだったからだ、学歴がなかったからだと言い訳をする人はたくさんいます。

実際に、その3つは、不幸、不運に属することでもあります。

それなのに、幸之助は、それこそが、成功の要因だったと言うのです。

ここに、幸之助の運がいいのか悪いのかわからない人生のユニークさを解くカギがあるように思えます。

一生の間には、どんな人の身の上にも不可抗力とも言える不運がしばしば起こります。

たとえば、祖父母、両親や家族の病気、失業や破産などによって起きる貧困や家庭内暴力に対して、小さな子どもには何もできません。

時代によっては、大不況や戦争という極端な不運もあるかもしれません。

子どもたちは、過酷な状況に巻き込まれ、苦しみ、絶望するでしょう。中には、それが引き金となって自暴自棄《じぼうじき》になる人もいるはずです。ほとんどの人は、悩み、つまずきながらも、なんとかその日をやり過ごしながら生きているのです。

そういうネガティブな状況から立ち直るには、よほどの精神力が必要です。

では、幸之助は、タフな人だったのでしょうか。

また、どんな過酷な現実も前向きにとらえるスーパーポジティブ人間だったのでしょうか。

いろんな文献を読み解く限りでは、必ずしもそうではないようです。

特に若い頃は、どちらかというと、ため息をつきながらも、目の前の状況にひとつずつ取り組んでいった、マイナス思考の人物のイメージが浮かんだのです。

幸之助自身も「ぼくは神経質やから、悲観主義になるほうが多いんです」とまで言っています。ところがその一方で、「徹底した楽観主義者」でもあったと言うのです。

「艱難辛苦《かんなんしんく》、汝《なんじ》を玉にす」という言葉がありますが、まさしく、マイナスの状況で一生懸命にもがき苦しむような状況であっても、成功すると楽観視している。その楽観主義が幸之助の成功の基礎を作ったのです。

学歴もなく、病気がちで、貧乏だった幸之助が、なぜ、成功できたのか？

それは、それぞれの理由から、やむなくとった行動が功を奏したのです。

学歴がなかったために、自然と人から学ぶ習慣ができました。たくさん質問して、人の話をじっくり聞く姿勢をとりました。

それによって、周りの人から知恵を集めることができました。

また、本人は意識していないでしょうが、年下の人間からも教えを乞《こ》うという謙虚な姿勢が人望を高めたのです。

ずっと病気がちだったので、自然と部下に仕事を任せるしかありませんでした。病床であれこれ悩みながら、周りの協力体制を作り上げていったのです。

幼少期からの幸之助の写真を見ると、内気で悲しそうな表情をしています。希望に満ちて幸せというよりは、不安げで、よるべのない雰囲気が漂います。それは事業家になってからも同じで、どこか影のある印象をぬぐいきれません。

若い頃は、病気のために寝床で過ごすことも多かったようですから、仕事に邁進したというよりは、祈るような気持ちで部下に仕事を任せて、自宅の寝床で悶々《もんもん》としていたのではないでしょうか。

一方、任された部下たちは、信頼してくれた幸之助のために頑張ったはずです。

このことが、後の日本初の事業部制につながっていきます。

これまでにない大きな責任を任された部下は、プレッシャーを感じながらも、一生懸命仕事をしたことでしょう。

みんなが自分の頭で考えて、工夫して仕事をすることが、結果的に好業績につながったのです。それが、大企業を形作る組織的な基盤を生み出しました。

創業当初、幸之助は、病気がちの上、絶望的なほど貧乏でした。お金がなかったために、できるだけお金を使わずに物を作る工夫が必要でした。いかに節約して製品を作るかに知恵を絞ったことで、必然的にコストダウンにつながりました。

こうしたすべての要因が、松下電器、後のパナソニックの大成功を生んだのです。

そうやって見てくると、幸之助の人生は、栄光に満ちあふれていたというよりも、やむにやまれぬ不運から逃れるために、必死でもがいているうちにうまくいってしまったと言うほうが実情に近いのかもしれません。

「これから、どうなるんだろう？」

「自分にできるんだろうか？」

「どうしたら、この難局を切り抜けられるんだろう？」

病床で、そういった思いがぐるぐる頭の中を回っていたはずです。

彼は、不眠に悩まされ、ずっと睡眠薬を常用していました。少しでも気になることがあれば眠れなくなって、夜中の２時でも、明け方でも部下に電話をかけてきたそうです。

睡眠時間は平均して４時間程度だったようです。寝床の中で、ああでもない、こうでもないと、いろんなことを考えては寝られない夜を過ごしたといいます。クヨクヨしたりネガティブな感情に襲われることはあっても、必ず成功できると自分の気持ちを立て直し、楽観主義的側面から、うまくいく様子を何度もイメージしたりしたことでしょう。

人生のスタート時点では、とりたてて学才にも健康にも恵まれていなかった幸之助が、何を感じて、何を考え、どう行動してきたかという軌跡を、これから本書でご紹介していきます。

本書のタイトル「運命をひらく」とは、まさに、幸之助が、自分の人生でやってきたことです。

とてつもない逆境の中、どうやって彼が運命をきりひらいていったのか、ぜひ感じ取ってください。

第一章

人間関係の達人になれば、運命はひらける

人間関係の達人

人の心は理屈では割りきれない。微妙に動く人情の機微を知り、これに即した言動を心がけて、豊かな人間関係を築きたい。

『人生心得帖』

松下幸之助の膨大《ぼうだい》なエピソードから私が強く感じるのは、「人間関係の達人」としての彼の側面です。

彼が、出会う人すべてを自分のファンにしていったというエピソードからもそれは窺《うかが》えます。

幸之助と同時期に生まれた人で、彼よりも頭がよく、お金もあり、学歴、やる気もあった人は、たくさんいたはずです。

けれども、幸之助は、ずば抜けた業績を残したと言っていいでしょう。

一生懸命働いたという点では、その他の人たちも同じだったはずです。

では、いったい他の人と何が違ったのでしょうか。

幸之助は、病気がちだったために、自分にできることが限られていて、ほとんどすべてを人に任せるしかありませんでした。

経営の神様と言われてたくさんインタビューを受けていますが、「正直なところ、自分では、何で成功したのかわからない」とよく語ったそうです。

成功しようと考えて仕事をしたわけではなく、お客さんのために、社員のためにと一生懸命に考えているうちに、事業が大きくなったということなのでしょう。

そして、周りの人のことを理解しよう、人間的に成長しようと努力しているうちに、いつのまにか大きな人物になっていったのだと想像します。

彼の知恵や知識は、大学院で学べる経営理論のようなものではありません。

幸之助は、ごく小さい頃から奉公に出されたことで、人情の機微というものを感じ取り、処世術を身につけていきます。

その根本は、商売で成功した大阪商人の教えです。十数年間にわたる奉公を通して彼らから生き方や商売のコツを教えてもらい、長い時間をかけて身につけていったのだと思います。

少年時代から人を観察して、どういう人が商売で成功して人望を得るのか、何をすると人に喜んでもらえるのかなどを学んだはずです。

勤め先の主人に言われたこともあったでしょうし、先輩たちに教わったこともあったでしょう。

あるいは、主人や先輩たちの働き方、処世術をごく身近で見て、「ああやってはいけない」と自戒したことも多かったかもしれません。

人情の機微に関しては、ビジネスの成功に大切なことというよりも、その前に人間として大切だと考えていたようです。

まずは、少年時代の幸之助のエピソードからご紹介しましょう。

小僧時代の幸之助は、自転車を修繕していると、よくお客さんから、「ちょっと小僧さん、タバコ買《こ》うてきてくれへんか」と言われました。そうすると幸之助は、一町《ちょう》（約109メートル）ほど先のタバコ屋まで飛んでいったそうです。ところがある日、20個入り1箱ごとまとめて買うと、1個余計にくれました。

「これなんだんね？」

「オマケですがな。1箱買うてくれはると、1個オマケさして

1905年（明治38年）、五代自転車商会店主夫人と

もらうんです」

1箱買うとオマケがもらえることを初めて知った幸之助は、儲けるつもりはなかったけれども、楽でしたから、以降も、20個を手元に常備しておいて、半年ほどの間、「タバコ買うてきて」と言われたら、「ハイ」と、即座に渡していました。

ひと月に2箱か3箱は売れたので、月に20、30銭は儲かるわけです。給料が50銭か1円くらいでしたから、これは相当な収入になりました。

ところが、店のオヤジさん、すなわち主人から呼び出されたのです。

「幸吉(小僧時代の呼び名)、ちょっとおいで」

「ハイ」

と手を洗ってすぐ店の奥へ行きました。

「おまえ、タバコ買い置きしてお客さんに売ってるなあ」

「ハイ」

一挙両得の話なんで、てっきりほめられると思ってたのに、話はまるで逆です。オヤジさんから厳しく注意されました。

「やめとき。あのなあ、お客さんは喜ばはるし、幸吉、おまえも都合がええけど、ハタのもん（同僚）が何かとうるさい。ごじゃごじゃいいよる。もちろん、お客さんも大事やけど、店内もみんなしっくりうまくいかんと困る。不服やろけど、とにかく、やめとき」

こうなんです。

そのとき初めて、人と人との関係は難しいもんや、とわかりました。いま考えますと、タバコでもうけたおカネを、全部とはいわんまでも、それの一部なりとも出して、みんなにおごったらよかったのです。利益の還元といいますか、分配なんですね。世の中にお世話になって、もうけさしてもらったんだから、利益をお返しすることも必要なんです。しかし、そのころは、そこまでは気がつかなかった。子供のことだしね。

『道は明日に』（松下幸之助／毎日新聞社）より

利発な幸之助少年の様子が目に浮かぶエピソードですね。

なお、ここでは「オヤジさんから厳しく注意され」たとありますが、別の著書では、初めは主人から「ええこと考えついたなア」と言ってほめてもらったものの、半年ほどたってから「おまえ、あれ、もうやめとけ。こうこうで（小僧仲間から不満が出て）わしとしては辛《つら》いから」と言って諭されたとあります。

いずれにしても、自分では善《よ》かれと思っても、周りの人間の感情というものもある。そういった人間関係の難しさを少年のうちに知ることができたわけです。

ちょうど同じ頃、五代自転車の丁稚《でっち》として、初めて自分ひとりの力で自転車をお得意先に売ったおもしろいエピソードがあります。

たまたま番頭がいなかったため、13歳の幸之助がひとりで自転車を売りにいくことになり、お客さんに一生懸命に商品の良さを説明しました。

その熱心さにうたれ、「1割引きなら買ってやる」とお客さんに言ってもらえました。幸之助は、初めて自分で自転車を売れたので、喜んで店に戻りましたが、店主はほめてくれるどころか、「最初から1割も引くやつがどこにいる。5

分（%）引きにすると言ってこい」と叱《しか》ったのです。

ここからが幸之助が普通の人とは違うところです。「自分が約束したので、なんとか1割引いてください」と泣きながら訴えたのです。

店主は、「おまえは、どっちの小僧だ」とあきれたそうですが、返事が遅いことが気になってお店にやって来た先方の番頭さんに事のいきさつを話しました。

事情を知った先方の主人は、「おもしろい小僧さんだ。彼に免じて5分引きで買う。彼が店にいるうちは、自転車は五代から買うことにしよう」と言って、自転車を買ってくれたのです。

「商売は商品の価格だけではなく、それ以上に売る人の誠実さが大事だということを学んだ」と幸之助は後に語っています。

こうした人間と人間の心のやりとりを、ごく小さい頃から学べた幸之助は幸せです。なぜなら、こういうことを全く知らずに大人になる人がほとんどだからです。

学校、職場、ビジネスの現場や恋愛でも、トラブルは、ちょっとした感情のすれ違いがきっかけで起こります。

正論を振りかざして杓子定規《しやくしじようぎ》に行動しても、嫌われるし、関係がこじれるだけです。また、相手の感情を無視していては、いい人間関係が築けません。

大人になっても、こういう人情の機微がわからない人も多い中で、幸之助はごく小さい頃に人間関係の英才教育を受けたと言えるでしょう。

人には、本音と建前があり、一筋縄ではいかないところがある。けれども、誠実に相手に接することができれば、必ずうまくいくということをごく小さい頃に実地で学んだのです。

幸之助自身は、こうした人情の機微について、何と言っているでしょうか？

人情の機微がわかったら、思うとおりのことができるわ。行く手に障害も起こってこない。人情の機微がわからないから障害が起こってくるわけや。察しのいい人というのがいるけれど、特に察しのいい人は、やはり人情の機微がわかっている。女性に魅力を感じてもらえないような人はあかんで

（笑）。君はどうや。

まあ見込みがあるな。人情の機微について、君がそう考えただけでも偉いと思う。やっぱり多くの人に接して、いろいろなことをやっていって初めてわかるものやろうな。

サービスという言葉があるわな。サービスというのは、言い換えれば、仏教でいう慈悲の心や。慈悲心がなかったらあかん。サービスは慈悲心から出てくる。そういう慈悲心を欠いたサービスというものは、つけ足しや。ほんとうに人を動かすことはできない。いくら人情の機微を理解して、それを実行しているようでも、ほんとうにそれが生きてくるには、その奥に慈悲心がないといかんな。それが根底やと思う。しかし、君が言うように、人情の機微を知るのは人生でいちばん大事なことや。事をなさんとする者の要諦《ようてい》はそこにある。だから君はそういうことをつかまないといかんわけや。

『リーダーになる人に知っておいてほしいこと』（松下幸之助）より

幸之助は、自然と周りの人を大切にしていました。彼のやさしさに触れた人は、みんなファンになってしまいました。

彼のそういう態度は、前半生では商人としてのしつけから、後半は、自身の人間観からきたのではないかと私は考えます。

商家では、「人を見たら誰もが自分のお客さんだと思え」という教えがあります。どんな商売をしていても、道を通る誰もが自分のお客さんになる可能性があるので、愛想良く、礼儀正しく接しなさいという教えです。

人生の後半では、幸之助は、どんな人も無限の可能性を秘めたかけがえのない存在であるという人間観を持つようになり、誰に対しても、丁寧に接するようになったのではないでしょうか。

人情の機微は、教科書から学ぶようなものではありません。人との関係の中で学んでいくものです。誰かに叱られたり、ほめられたり、喜ばれたりしていくうちに、感じ取るものです。

こういうことをしたら、相手に喜んでもらえるのだな、ひと言足りなかったために、お客さんのご機嫌を損ねてしまったのだな、そうことを日々学ぶのです。どれだけ正当な理由があっても、相手の気分を害したら、物は買ってもらえません。自分が傲慢《ごうまん》になったり、ひとり勝ちしたら、嫉妬《しっと》されたり、意地悪されるということも、幸之助は、経験から学んだのでしょう。

そういう中で、人の気分を良くする、やる気にさせる、感動させるといった人間関係の技を身につけたのだと思います。

心が響き合う関係

なごやかな心のかよい合いのなかの仕事のはかどり――これが、ものを生み出す原動力となるのです。

それは、おべっかでもなんでもありません。目上のひとを尊敬し、疲れたひとをいたわるのは、人情の自然です。

一方で、上のひとが年少のひとの立場を考え、いたわる――この思いやりの交流は、人間として当然のことです。


『若さに贈る』

あなたは、日々の生活で、どれだけ心が響き合うような人間関係を持っているでしょうか？

その人のことを考えるだけで心がワクワクしたり、「この人のためなら何でもやってあげたい！」と本気で思うような関係です。

そういう愛情は、あなたのパートナー、家族に対して感じているかもしれませんし、取引先、仕事の上司、部下に対して持っているかもしれません。あなたが愛している関係が多い人ほど、濃い人生を生きていると言えます。

別の視点から言うと、「人に惚《ほ》れる」「人に惚れられる」という人間関係とも言えます。

幸之助は、出会う人、触れ合う人と、そういう関係を一瞬で作る名人でした。

そのために、たくさんの人が彼を応援していったのです。

今でこそ経営の神様のイメージが強い幸之助ですが、若くしてビジネスの一線に出ていた頃、お客さんや社員とどうつきあっていたかが次のエピソードに描かれています。社員の方の松下幸之助追悼《ついとう》文集からの抜粋です。

昭和二十四年十月北海道営業所が販売店懇談会を開催しました時、松下相談役（当時社長）に出席していただきました。

懇談会の次の日の早朝、風呂に行きましたら、松下（幸之助）相談役がお風呂に入っておられました。

「昨日はお疲れさまでした。お背中を流しましょうか」とお伺いしましたら、「待て待て、そこにおられるお得意様をお先に」と。

浴槽に販売店のご主人が二人入っておられました。私はよく存じていた方でしたが、松下相談役はお顔も、お名前も知らないはずでした。お二人が昨日の懇談会のお話をされておったので、お得意様だと分かっておられたようでした。

販売店のご主人の背中をお流ししてから、松下相談役の背中もお流ししましたが、松下相談役のお得意様に対するお心配りが身にしみて分かりました。

実はこの販売店さんはT社の専売店で、ナショナル商品はあまり扱っていただいておりませんでしたが、小売商組合の役員をされていたので特別に懇談会にお招きしていました。

翌々日そのご主人から電話がかかり、「すぐお店へ来い」とのことで、さては酒が足りなかった、料理がまずかった、などのお小言かと心配しながらお店へ参上して、びっくりしました。

昨日まで店先にナショナル商品がチョッピリしか並んでいなかったのが、今日はビッチリと並んでいました。

ご主人のお話によると、昨日T社の出張所へ行って販売店懇談会とお風呂の出来事を細大もらさず出張所長に話されて、「今日からナショナル商品は売らないが、〝松下幸之助〟を売るから承知してくれ」と、言われたそうでした。

『松苑　松下幸之助創業者とともに』（河西辰男「お得意様をお先に」）より

取引先の社長さんが感動して、いっぺんで松下幸之助の大ファンになった様子が伝わってくるエピソードですね。

当時、そういった気配りを大切にしていた日本人もまた多かったのでしょう。

また、粋な気持ちには応《こた》える昭和の熱い経営者の思いも伝わってきます。

幸之助は、こうした心が響き合う関係を大事にしていました。

それは、仕事の関係者だけでなく、縁のある人すべてとです。

幸之助には、自分が大変な状況でも、部下を思いやったり、取引先のことを心配するやさしさがありました。

彼の心配りは、日常だけでなく、非常時にも発揮されました。

たとえば、地震や台風などで取引先に被害があったとき、いち早く部下を向かわせてお見舞いを届けています。また、被害に遭《あ》った取引先の集金を遅らせるなど、さまざまな便宜《べんぎ》をはかりました。

台風、地震、火災の後、便乗値上げする同業者が多い中、高騰した商品の値段をそれまで通りに据《す》え置くなど、とにかく相手が困らないように配慮したのです。

取引先の社長は、そういう幸之助の心配りに感激し、平常に戻った後、松下電器との商売に一生懸命になってくれるようになりました。

普通の商売人ならそういう機に乗じて、ひと儲けしようとなるところですが、それをあえてやらずに、筋を通したのです。

確固たる商売の哲学がないと、幸之助のように行動できないでしょう。

でも、商売のためにそれをやったというよりも、取引先の人が心から大事だったから自然とそういうことをやったのだと思います。

家族を早くに亡くした幸之助にとって、社員は家族、取引先は親戚のような存在だったのかもしれません。

親戚が困っているのに、法外なお金を取るなんていうことは、考えられなかったのでしょう。

でも、相手との信頼関係を大事にしたおかげで、幸之助と松下電器の長期的なファンを増やしていったのです。

相手が大変なときこそ、思いやりの心で接して人間関係を大切にしていくと、それが後に深いつながりを生み、将来のビジネスにもつながっていくのでしょう。

気配り上手

「誠意や真心から出た言葉や行動は、それ自体が尊く、相手の心を打つものです。」

『社員心得帖』

幸之助と会ったことのある人の話を聞くと、みんな感銘を受けているのが、彼の気配りです。

気配りとは、相手の立場に立って、相手の感情をおもんぱかる行為です。

自分のことばかり考えていては、気配りができません。いわゆる空気が読めないとは、この気配りができていない状態を言うのでしょう。

気配り上手は、気が利《き》くというのとも似ています。要は、相手の気持ちに寄り添えるかどうかだと思います。

気配りに関して興味深いのは、できる人にとっては、呼吸をするのと同じでごく自然なことですが、できない人にとっては、困ってしまうぐらい、どうしていいのかわからないことです。

大阪の商家では、お客さんに対する気配りは、徹底して教わります。

その教えは、挨拶《あいさつ》に始まり、掃除、お茶の出し方、世間話、商談の切り出し方、納品、集金のすべての分野にわたります。

話の持って行き方次第では、お金に汚い人だという印象を相手に与えてしまうし、集金がいい加減だと、商売そのものが成り立たなくなります。良好な人間関係を保ちながら、持ちつ持たれつで上手に商売を続けていくという姿勢が、幸之助のビジネスのやり方です。

でも、利益優先ではなく、まず人間関係をしっかり構築してからというあたりが、今の感覚と違うところでしょう。この気配りに関しては、経営者の中で、幸之助の右に出るものは見当たらないのではないでしょうか。

たとえば、こういうエピソードがあります。神奈川県の辻堂《つじどう》工場の責任者を務めていたある社員の方が、幸之助が藤沢の工場用地を検分したいとのことで随行したときのことです。

1958年5月の休日、幸之助が東京から秘書を連れ、車で訪問してきたそうです。

幸之助はその場所に工場建設を決めた場合を想定してか、工場への進入道路はどのようになるのか、電気や水はどのあたりからとるのかなど、細かい点まで尋ねたりしながら、工場用地に沿った周辺の細い道を歩いて丹念に現地を検分し、終わった時刻は12時を少し過ぎていたそうです。随行した責任者の回想です。

「それじゃこれから昼食にしようか。君ら（石田さん〈＝ともに随行していた社員〉と私に）江の島でも鎌倉でもええとこ知ってるやろうけど、今日は天気もええし、海岸へ行って食べよう。そうやなぁ稲村ケ崎へ行こう」と車を稲村ケ崎へと向けた。途中車中でおっしゃるには「わしなあ、ゆうべ新橋の寿司屋へ握り五人分朝つくっておいてくれと頼んでおいたんや。今朝でしなに持ってきた。磯でお弁当開くのもええやろ」。

紀州熊野の海岸の町で育った私には、五月の頃の磯のよさがよく分かるだけに、社長もそれをご存じのうえで稲村ケ崎へ行けとおっしゃったんだろうか？　まさかと、内心いぶかったりもしたが、今にして思えば、この方のことだ、よくご存じだったんだろう。

稲村ケ崎——磯の香の強い波打ちぎわの岩盤の上にござを広げ、持ってきた「折詰め」を内田秘書が配ろうとした時、「内田君、そのうち二個になぁ小さな紐《ひも》でしるしをしてるやろ、それが関東味で君ら二人分（運転者を加え）、三個は関西味なんで、わしと石田君と山本君の分や」とおっしゃった瞬間、われわれは絶句し、恐縮し、強い感動を受けたことを覚えている。感慨ひとしおでお寿司をいただいた。

『松苑　松下幸之助創業者とともに』（山本増雄「稲村ケ崎の磯で」）より

お弁当に関西味と関東味があるのも、このエピソードを読むまで知りませんでしたが、そこまで気を遣えるというのは、「さすが！」と思いました。

普通は、部下が昼食の場所を手配するのでしょうが、社長が前の日に寿司屋に言って用意させていたなんて、もうそれだけでも感激だったと思います。

社運をかけた接待の相手ならともかく、相手が部下で、仕事の合間の普通の昼食です。幸之助の気配りが、散歩するように軽いのに驚かされます。

そこまで社長に気を遣ってもらえるなんて、社員としては幸せなことです。弁当を手渡された彼らも、さぞかしウルっときたことでしょう。

幸之助にしてみれば、気を遣ったというほどのことでもないのでしょうが、相手には、一生忘れないようなインパクトを与えたはずです。私が部下だったとしたら、「この人に一生ついて行きたい！」という気持ちになったと思います。

考えてみれば、特別な相手に対してする気配りは、当たり前な感じもします。

でも、さりげない日常でされる気配りは、感動を与えるのです。

私は、幸運なことに、対談などで世界的に活躍している方とお会いする機会がよくありますが、みなさん気配りがとっても上手です。

たとえば、ある著名な方とお話をしたときに、本を差し上げたのですが、「あなたの本は、前から読んでいましたよ」と言ってくれたり、私が事前に準備しておいたサイン入りのページを見て「感激です。この本をいただいてもいいのでしょうか？」とわざわざ丁寧に聞き返してくれました。

「今日は、あなたと会えて、本当に光栄でラッキーでした。時間を取ってくださって、本当にありがとう！」と、お世辞ではなく、本気で言ってくれました。

そうしたさりげないひと言が、相手の心を打つのだと思います。

コラム

幸之助はなぜ気配りが上手だったのか？

1965年（昭和40年）、オランダ大使を招待した際に、もてなす幸之助

幸之助が気配り上手だったのは、丁稚奉公からスタートしているからだと言う人がいます。

たしかに、大阪の商家では、気配りや挨拶のことをうるさく言われます。９歳から商売人の主人に付いて、いろいろ教わったことは、容易に想像できます。

でも、教えられても気配りができる人とできない人がいます。それは、気がつくかどうかは、その人の感性によるところが多いからです。

幸之助が気配り上手だったのは、人に喜んでもらいたいという気持ちが人一倍強かったからではないかと思います。小さい頃に家族がバラバラになり、肉親の縁が薄い幸之助は、人とつながりたい、喜ばせたい、愛されたいという気持ちも強かったはずです。

気配り上手になって、喜んでもらえることは、幸之助にとっても心の絆を作ったのではないでしょうか。

第二章

衆知を集めて任せれば、運命はひらける

衆知を集める

素直に謙虚に、誠心誠意他人の意見に耳を傾けるという気持ち、態度を持つことです。
そのような姿勢で臨むならば、私たちの身の回りには、何事においてもまことに親切に私たちを導いてくれる人たちがたくさんいます。

『縁、この不思議なるもの』

幸之助が心がけたことのひとつに、「衆知を集める」ということがあります。

衆知を集めるとは、多くの人に考えてもらい、その結果出てきた知恵を活かすということです。それにより、自由に意見を出しやすい環境ができます。

どうしても上下関係が生まれがちな職場で、「自分の意見を尊重してもらえるんだ」と思えば、みんな一生懸命考えるようになるでしょう。

また、そういう習慣ができると、それぞれの持ち場で、自主的に動くようになるという効果もあります。

ひとりの天才がアイデアを思いつくよりも、1万人が一生懸命考えたほうが、いい知恵がたくさん出るはずです。

そういうことを体験的に知っていた幸之助は、衆知を集める方法として、意見を自由に言ってもらうことやどんな話でも素直に耳を傾けるなどの方法をとりました。しかも、ただ集めるだけではなく、さまざまな考えを活かしていったのです。

幸之助の考え方を見てみましょう。

衆知を集めることが大切だといっても、それは事あるごとに人を集めて会議をしたり、相談しろというのではない。そういうことも、ときには必要だろうが、しかし、一面それはいわゆる小田原評定《ひょうじょう》になってしまったりして、緊急のときに間に合わないこともあるし、実際問題としてもいちいち会議をしているというのでは、その手間と時間だけでもたいへんである。特に小さな会社ならそういうこともできようが、大きな会社では事実上不可能である。

だから大切なのはかたちではなく、経営者の心がまえである。つまり、衆知を集めて経営をしていくことの大切さを知って、日ごろからつとめて皆の声を聞き、また社員が自由にものを言いやすい空気をつくっておくということである。そういうことが日常的にできていれば、事にあたって経営者が一人で判断しても、その判断の中にはすでに衆知が生きているといえよう。

また、経営者みずからが衆知を集めてものを考え、仕事をしていくということも大切だが、それとともに、できるだけ仕事を任せて社員の自主性を生かすようにしていくことも、衆知を生かす一つの行き方である。

そうすることによって、その場その場で、それぞれの人の知恵が最大限に発揮され、会社全体としては、衆知が生かされることになる。特に会社が大きくなれば、全社的な判断、決定は経営責任者が衆知によって行うとしても、個々の仕事はそのようにしていくほうが、より衆知が生きてくるといえよう。

いずれにしても、具体的なやり方はいろいろあっていいが、常に〝衆知を集めてやらなくてはいけない〟という心がけはもたなくてはならない。そういう気持ちがあれば、人の言葉に耳を傾けるなど、それにふさわしい態度も生まれて、ことさらに求めずともおのずと衆知が集まってくるということになるものである。

『実践経営哲学』（松下幸之助）より

お読みいただいて、衆知とはどういうものかが、見えてきたと思います。

でも、それを集める目的がはっきりしていないと、烏合《うごう》の衆のくだらない意見がたくさん集まるだけになります。

それでは意味がないわけで、役に立つ知恵を集めながら、人を巻き込んでいくのが幸之助流です。衆知を集めると同時に、関わる人をやる気にさせるという効果もありました。

次に紹介するのは、仕事の第一線で、商品開発など、細かいところを見ていた頃のエピソードで、当時部下だった小川守正氏が語ったものです。

幸之助は、日常的な打ち合わせをしているだけなのに、自然とみんなをやる気にさせてしまう不思議な力を持っていました。

当時、どんな感じで社員とつきあっていたのかも伝わってきます。

小川氏は、最新のポップアップ型自動トースターの商品開発をしていました。試作品ができたときに、たまたま幸之助に見せることができたという話です。ちなみに、幸之助は試作品を見るのが大好きで、まず最初に見るというのが通例だったようです。

ようやくのことで試作ができ上がり、私と（東洋プレスの佐藤）社長と二人で試作品を持って本社の製品審査室に行った。当時の審査室は今の歴史館の一階にあり二階が重役室だった。

二人が廊下で待っていると、当時社長だった（松下幸之助）相談役が重役会議に出席すべくわれわれの前を通られた。

社長「君ら何や」

二人「自動トースターを持ってきました」

社長「自動トースターて何や」

二人「パンを入れてボタンを押すとちょうど頃合いに焼けて出てきますねん」

社長「エエッ、そんなええもんできたんか。それ見せてもらお」

ここで受付の女子社員を呼んで、

社長「重役会議は欠席や。これから東洋の社長はんと小川君と三人で昼飯喰うわ。食パンと牛乳買《こ》うといで」

ということになった。

私がパンを入れてセットして固唾《かたず》を飲んで見守っているうちに、パタンという大きな音がしてパンが飛び出し、空中で一回転して、本当にうまいことに社長の前に着陸した。われわれも驚いたが社長もびっくりして、

社長「小川君、うまいことできとるなあ。しかしちょっとできすぎとちがうか」

試作品で、ばねの調整が強すぎたのだった。

佐藤社長はすっかり感激して、

「オレ、やっぱり松下の仕事させてもらうわ」

ということになった。(注・東洋プレスの佐藤社長はこのころ、どういうわけか松下の電熱器事業部と仲が悪く、近々取引関係を絶つと公言するなか、何とかなだめながら試作を続けているという状況だった)

私は年はとっていたが、途中入社だったので、その時が相談役との初めて

の出会いだった。

「本当に気楽に社員と一緒に考え、仕事をされる人やな。こんな素晴らしい社長は他の会社にはいないな。

松下というところは本当に商品開発に熱心な会社や。これは伸びるな」と感激しつつも、生意気なことを思ったのである。私にとっては強烈な印象だったのが、今でも昨日の出来事のように思い出されるのである。

『松苑　松下幸之助創業者とともに』

（小川守正「相談役とパンを喰った思い出」）より

起きたことだけを見ると、このエピソードは、ごく日常の一コマです。ものすごくほめられたり、ねぎらわれたりしたわけでもありません。幸之助がそこにいるだけで、開発に関わった人間を一瞬で本気にしてしまったのです。まるで、魔法のようです。

こういう力を「感化力」とでも言うのでしょうか。これがあるから、おのずと衆知が集まるのではないでしょうか。

この人と一緒に仕事がしたいと相手に思わせる力は、圧倒的だったと思います。

これは、人心掌握《じんしんしょうあく》のテクニックやノウハウではありません。

部下が動いてくれないと嘆くリーダーは、自分の人間的魅力がまだ足りないだけなのだと理解しましょう。

あなたの魅力が増せば増すほど、彼らも本気になってくるはずです。

自分が心から今の仕事を楽しんで、意味を見いだしていたら、周りもそのように反応してくれます。

幸之助も、一番大事なのは熱意だと、いろんなところで語っています。

人を喜ばせたい、役に立ちたい、結果を出したい、そういった熱い思いは、自然に伝染します。

逆に、説教で、そういうやる気や情熱を相手から引き出すことはできないのです。自分の心が十分に熱くなって、初めて相手の心に情熱の炎が自然発火で移っていくと言えます。それは、人と人との心の響き合いなのです。

この化学反応を自ら自然に起こせる人が、人を動かせる人です。衆知を集められるかどうかの根本を探っていくと、結局は熱意という人を惹《ひ》きつける力が根本に備わっていることが大前提だと思えるのです。

幸之助は、ちょっとしたやりとりの中で、その人のことを受け入れ、包み込み、感化していく能力がありました。

自然に人間的な温かさ、やさしさ、大きさを感じさせ、「この人と一緒に仕事をしたい！」という気持ちにさせる天才だったのです。

それは、目先の損得を超えたもので、感情に根ざすものです。

この人物と一緒にいたい、喜ばせたい、ねぎらわれたいという気持ちを起こさせるのが、感化力です。

だから、このエピソードのように、取引先の社長に、「オレ、やっぱり松下の仕事させてもらうわ」と言わせることになったのでしょう。

人使い上手

「上に立つ人が、自分の部下は自分より偉いなと思うかアカンなと思うかによって、商売の成否が分かれてくるといってもいいように思います。

何でもないことのようですが、そんなちょっとしたところに経営なり人使いのコツとでもいうものがあるのかもしれません。」

『経営心得帖』

「信頼して仕事を任せられない」「マニュアル以上のことができない」「やる気がない」など、部下の活かし方に関連する悩みを抱えている人は多いと思います。

仕事だけでなく、プライベートでも、人間関係は悩みの源です。

友人、家族に思うように理解されていない、また、彼らのことが理解できないというのは、辛《つら》いものがあります。

幸之助が成功した理由のひとつは、従業員を大切にして、いい関係を作り、彼らのやる気を引き出したことでしょう。

経営では、社員をやる気にさせることが、重要な鍵《かぎ》を握ります。

同じ能力の人間なら、やる気になった人のほうが、はるかにいい仕事をします。

そのことを町工場時代から痛切に感じていて、幸之助は、どうやったらみんなが本気で仕事をしてくれるか、考え抜いたはずです。

ただ頭ごなしに命令するだけでは、人は動きません。

そのために、言い方を変えるなど、いろいろな工夫をして、うまくいく方法を探したのではないかと想像します。

人を使う、人を活かすことについて、幸之助がどう考えていたのかがわかるエピソードがあるので、ご紹介しましょう。

「あなたは人使いが上手だ、その秘訣《ひけつ》を話してくれ」とよく言われます。しかし、当の本人は人使いがうまい、といった自信はそれほどないのです。だから人使いのうまさはこういうところにあるということは、的確に申しあげられないと思うのです。しかしはたから見て多少そういうことが言われるのはどういうところなのかな、ということを私は考えてみました。

人使いということはいろいろ見方がありましょう。非常に強力な知恵と力をもっているから人をうまく使うという人もありましょう。私自身はどうかというと、逆なのです。強力な知恵も力も乏しいのです。だから人に頼るとでもいうか、人に相談するというか、そういうことに自然になるわけです。

それを受けるほうは権柄《けんぺい》ずくで命令されるよりも、相談されてみればいやとも言えないから、じゃあ協力しようかと、こうなる。そういう姿を見て、あいつは人使いがうまいと感じられる場合もあるのでしょう。

が、私は人使いの上手下手というものは人によってみな違うと思うのです。非常に力のある人であって、だれに相談もせずして過《あやま》ちなく事を決行できるだけの立派な人は、やや命令的な態度をもってやったほうが能率があがりますし、またそのあがった能率から生まれるところの成果は適当に分配されますから、それはそれでいいと思います。

しかしそういう力のない者は、私のやり方でやるほうがいいのではないでしょうか。私はたいてい会社の社員を見ますと、私より偉いという感じがするのです。一つは、私は学校も行っていませんからそういう感じがするのでしょうが、〝彼はなかなか偉い青年だな〟と、こう私は思ってしまうのです。

だから非常に頼もしく思うわけです。頼もしく思いますから、「君、こういうことをやってくれないか。君ならやれる。わしだったらやれないけれど、君ならやれる」と、こうなる。そうすると「それじゃあやってみましょうか」となる。そして一生懸命にやる。そうすると成功する。

これは、一つの成功のかたちです。そういうようなかたちができていたわけです。それで私の場合、幸い成功してきたわけです。ですから、言われてみれば、そういうこともやはり一つの人使いといえば人使いのやり方のうちに入るのかなと思うのです。

『商売心得帖』（松下幸之助）より

センスのいい経営者の方は、これを読んで、「なるほどなぁ。しまった。自分はそこができてなかったのか……」と反省して、冷や汗をかかれているのではないでしょうか。

経営者になるような人は、自分が優れていることを忘れてしまいがちです。彼らは、仕事の実務能力もそうですが、情熱の面でも、普通の人をはるかに上回っているのですが、そのことに気づきません。

よほど意識していないと、部下に対して、「こんなこともできないのか？」「なんで、そんなにやる気がないんだ？」とイライラして、きつく叱《しか》ってしまったりするのです。

そうやって檄《げき》を飛ばし続けると、自分はいい気分でも部下たちは萎縮《いしゅく》したり、自信を失ってしまうようになり、そのうちにやる気もなくなってきます。

「社員にやる気がない」と文句を言っている社長さんは、自分がその原因を作っているかもしれないことを思い出しましょう。

そして、何をすれば自分の会社の社員がやる気になるかを考えてみてください。

幸之助は、「人間というものは、もともと働きたい、人のために役立ちたいという気持ちを持っているものだ」と語っています。

上司が邪魔さえしなければ、喜んで働くのが人間の本性だと考えていたのです。

だとすると、社長の仕事は、いろいろ言って社員の邪魔をせず、やる気をそがないことだと言えるでしょう。

そして、社員たちが自由に考えて仕事ができる環境を作ってあげることで、全体のやる気も高まるのです。

感動を与える

商売でものを売るとき、値段の適正ももちろん大事でありますけれども、それ以上に大事なものは何かというと、一所懸命に売りたいという熱意から生まれるところのいろいろの姿であると私は思うんです。その姿に人は感動する。

単なるかけひきでは偉大な仕事は生まれない。

私は心の琴線にふれるような、真心のこもった行動においてこそ、いっさいを超越して、ものが生まれてくるというふうに感じるんであります。


『松下幸之助　若き社会人に贈ることば』

次のエピソードの背景を最初にお話ししておきましょう。

戦後すぐに公職追放された幸之助をかばう形で、義理の弟である井植歳男《いうえとしお》氏が30年勤めた松下電器を退職することになりました。そして、これまた日本を代表する電器メーカーに成長する三洋電機を創業することになったのです。

長年支えてくれた義理の弟への餞別《せんべつ》のつもりで、発電ランプなどの製造権を譲ることになり、それに応じて、一緒に人材も移ることになりました。

幸之助にとっては、半分うれしく、半分さみしいような形の義理の弟の独立、社員の転職だったのではないでしょうか。

幸之助がどうやって人と接したのかがよく伝わるエピソードだと思います。後に三洋電機の副社長を務める後藤清一氏の回想です。

松下の筆頭専務であられた井植歳男さんに請《こ》われ、松下を辞めて三洋の創業に参加することになった私は、昭和二二年の初め、松下幸之助社主に決意のほどを伝えにいった。

「そうか、井植と一緒にやってくれるか。ほなら後藤クン、君も、大正一〇年以来か……長い間ウチにいてくれたんやから、何ぞウチについていいたいこと、気のついたことがあるやろ。それをこの際、ワシに聞かしてくれへんか」

松下のオヤッサンは、そうおっしゃったのである。

お言葉に甘えて私は、一時間余りも、松下について私の思うところを述べさせていただいた。いささか図に乗り過ぎたかもしれん……と思いつつ口をつぐむ。しばしの静寂のあと、オヤッサンはこうおっしゃった。

「そうか、なるほど、そうかぁ……。ようわかった」

そのあとである。

「後藤クン、君を手放すのが惜しゅうなったなぁ……」

松下のオヤッサンは、まじまじと私の顔を見つめて、そうおっしゃったのである。

とたん、私は感動に襲われた。これは、オレにとって、最高、最大の退職金やないか！

なんという果報者！　なんとええ師を持ったことか！　ありがたい、ありがたい……。

数年前、まだお元気であった松下幸之助さんを、自宅がわりにしておられた松下病院の特別室にお訪ねし、右の一件をお話したのであった。

オヤッサンは、目をうるませてジッと聞いてくださり、「そうかぁ、そんなことというたかワシは……」。

「へぇ……」

偉い人でした。

『人生は気合でっせ！』（後藤清一／明日香出版社）より

尊敬する大社長にこんなことを言われたら、天にも昇る気持ちになりますね。部下に自分の気持ちを素直に伝えることができる幸之助も、とても素敵です。

こういうエピソードを読むと、すごいなぁと思うと同時に、「どうやったら、人を感動させられるんだろう?」と考えてしまいませんか?

自分が感動した体験や人が感動しているシーンを思い出してみると、いくつかのパターンがあるように思えます。

誰かに自分の存在を受け入れてもらったり、心から尊重されたと感じたりしたときに、人は感動します。

また、人が何かに打ち込んだりして一生懸命なとき、その真剣さを見て、感動するということもあります。これは、野球、サッカーなどのスポーツや、芸術、音楽が人を感動させることからも想像がつくと思います。

以前、私の講演に来てくれた人から、「どうやったら人を感動させられるようになるでしょうか?」と質問されたことがありました。

私は、「あなたは、毎日、感動するような体験をしていますか?」と聞きました。

その人は、「あんまりないですね」と言うので、「では、今のあなたには無理かもしれません」と、答えました。

幸之助との直接の触れ合いは、従業員にも感動を与えるものだった

自分が毎日感動していない人には、人を感動させる力はないからです。

人を感動させるには、自分が感動できる人間である必要があります。

幸之助は、丁稚《でっち》時代から、初めて自転車を売ったときのエピソードにもあったようなお客さんとの感動体験をすることで、自分も人を感動させられる人になりたいと考えたと思います。

ここで紹介した幸之助のエピソードは、決して特別なシチュエーションではありません。ほんの日常の一コマで、誰に対しても同じように、自然体で接していたようです。それでいて、相手を感動させるのは、気功の師匠のように、自由に気を出せたからではないかと私は想像します。

ある部下が、幸之助の肩をもんであげたら、「君は、もむのがうまいなぁ。これまでで一番や。きっと両親の肩をもんであげてたんやろ」とほめられたそうです。

その人は、密《ひそ》かにそのことを自慢に思っていましたが、あるとき同僚と話をしていて、彼も同じようにほめてもらっていたということがわかりました。

普通なら、そういうことを聞くと、「なんだ、誰にでも言っていたのか」とがっかりするものですが、それでも、その人のほめられた喜びは変わらなかったそうです。

それは、その人の心が十分に満たされていたからでもありますし、それだけの心配りができる幸之助が、同僚を同じようにほめるのは、当然だと思えたからでしょう。だから嫉妬《しっと》やがっかり感が出なかったわけで、それだけ幸之助のほめ方はとっても上手だったのだと思います。

幸之助が人をほめたりねぎらったりして、周りが感動したという一連のエピソードを読んでいくと、彼がテクニックを使ってやっていたわけではないことがわかります。

幸之助自身が心から感謝したり、感動したりして、それをそのまま言葉に出しているので、言われたほうも感激するのでしょう。

幸之助の素直な心、純粋な心のパワーを感じます。

経営の神様の力の源は、「真心《まごころ》」なのです。

人が感動するとき、人の心と心の響き合いが起きます。

決して、言い方や言葉づかいだけではないのです。

人を動かすためには、このことを理解する必要があると思います。

任せ上手

「部下を一〇〇パーセント信じて任せるということは、なかなかできることではありません。

六〇パーセントは大丈夫だと思うけれど、あとの四〇パーセントはどうか分からんという危惧《きぐ》の念が生ずることもあるでしょう。

しかし、そういう場合でも、六〇パーセント以上の可能性があれば、「君、やってくれよ。君ならできる。頼むわ」ということで任せる。」

『社員心得帖』

幸之助が任せ上手だったという話を前にしましたが、どんな感じで人に仕事を任せていたか、興味がわきませんか？

私たちが、ひとりで仕事を抱えてしまうのは、誰かに任せることが苦手だからです。誰かに任せるより、自分でやったほうが早いと感じてしまって、苦しむのです。人に何かを任せるためには、ある程度の感情的な知性が必要です。

相手がちゃんとやってくれないときに、イライラせずに、あらためて丁寧にお願いするといった冷静さが必要です。最初は片目をつぶって、あたたかく見てあげるような忍耐力もいります。

「任せる」ことは、松下電器を大発展させたキーワードでもあります。

体が弱かった幸之助は、若い頃は、病床で過ごすことが多く、自宅療養していました。社長であっても会社に行けないので、ほぼすべての仕事を人に任せるしかなかったのです。

次のエピソードは、ある社員の回想です。幸之助が若かった頃に、当時の社員とどうつきあっていたか、社長としてのあり方がつかめると思います。

私（中井氏）は昭和十二年に松下電器に入社し、四十三年間ほど勤めて、今年（昭和五十五年）の一月、六十歳で定年退職いたしました。（中略）

私が入社した年はちょうど日華事変が始まった時で、その前の年の昭和十一年には、いわゆる二・二六事件がありまして世情は騒然、いわゆる軍国主義に入った時代でした。

私は商業学校を卒業しましたので、入社と同時に松下無線の東京出張所の経理係に勤務ということになりました。当時、そこでは十万円ぐらいの商《あきな》いがあったんではないかと思うのです。今の金額で言いますと、大体三億円ぐらいでしょうか。そしてそのほとんどが現金取引でした。

当時は、世の中全般が貧しかった。その中で現金十万円を扱わせてもらっていたのです。その時の私の月給が三十五円ぐらいでしたから十万円というと大変な額です。そこで私は郷里のおやじに「松下電器へ入って経理をやっていて、今、これだけの現金を扱っているんだ」というようなことを幾分自慢たらしく、手紙に書いて出したのです。ところがその手紙を見たおやじが、（松下幸之助）相談役、その当時は社主と言っていましたが、社主あてに苦情の手紙を出したのだそうです。「学校を出て間もない若い者に、そんな大金を扱わして、もし万一のことがあったらどうしてくれるんだ。家の大事な息子の一生をダメにしてしまうじゃないか、もうちょっと様子を見て、使いものになるようやったら、金を扱わせるというふうにしてくれたらどうか」というようなことを書いたそうです。私のおやじは職人でしたので、まあ一本気なところがあり、そういうことから文句を言ったのだと思います。

私はこの話を二年ほどたって徴兵検査で郷里へ帰った時に聞いたのですが、その手紙を出したあとに社主から返事が来たそうです。その手紙を私は見ておりませんが、おやじの話によりますと、「まあ、それは親御さんの心配はよう分かる。分かるが本人は喜んで仕事をしているんだろう。それならば、本人にどこまでやれるか、やらしてみようじゃないか。一つ信頼してやって、息子さんを激励してやったらどうか」という意味の手紙だったそうです。おやじは「父親のわしが心配しておるのに、お前のとこの社長は任してやれ、信頼してやれ、と言う。お前のとこの社長は偉い人や」としきりに感心していました。

『松下相談役に学ぶもの 第五集』（中井豊「基本理念を貫く姿勢」）より

昭和12年ということは、まだ幸之助も40代前半と若かった頃の話です。人に任せることを積極的にやっていたために、若者にも大きな仕事をさせようという心意気が見て取れます。

今の貨幣価値にして何億円もの現金を新入社員の若者に任せてしまうとは、たいした度胸ですね。新入社員の頃、社長にこんなことを言われて大きな仕事を任されたら、辞める気持ちなんかふっ飛んで、本気でやろうという気になるでしょう。

私が尊敬するアメリカの成功哲学の大家ディマティーニ博士は、1年の大半を講演旅行で世界中を旅していますが、あるとき、研究、旅行、講演以外のことは人生でやらないと決めたと言っていました。

旅行の手配、運転、家事、経営などは、すべて人に任せて、「自分の本当にやりたいことだけ」にフォーカスできるようになったそうです。

私もそれにならって、自社開催の1000人規模の講演会でも、開演15分前にすべりこんで、マイクを握ればいいような仕組みを作りました。

毎月のように本が出版できるのも、優秀なサポートチームがいるおかげです。

どんな人でも、上手に仕事を人に任せることで、何倍、何十倍ものパフォーマンスが出せると思います。

そのためには、自分は何が得意で、何にフォーカスすればいいのか、そして何を人に任せるのかを決めなければいけません。

それが、なかなかできないのではないでしょうか。

そういう人は、自分が大好きで簡単にできること、人に喜ばれることを見つけることから始めるといいと思います。

そして、自分の苦手なことは誰かにお願いすることができれば、これまでよりずっと充実した人生が送れるようになるでしょう。

コラム

素直になると、自分の心を善導できる

素直な心になることは、幸之助の一生のテーマでした。

私たちは、自分の思い込みや感情に振り回されて人生を誤ってしまいがちです。

でも、それらを否定しても、何も始まりません。人間には、感情がつきものだし、嫉妬もひがみも出てしまうものだからです。

真々庵（しんしんあん）にある「根源の社」の前で、手を合わせる幸之助

幸之助は、素直な心になることで、ネガティブな部分を変えられると考えました。素直になると、人に対して感じる嫉妬やひがみを発奮材料に変えることだってできます。誰かすばらしい人に会ったとき、自分はダメだと卑下するのではなく、「あの人みたいに頑張ろう！」と考えることもできるというわけです。

これを「自分の心を善導する」という言葉で幸之助は表しました。ひとりよがりになってしまうとき、自分の心を善導することによって、欲望や感情に負けないという意味です。

人間の本質を否定しないところが幸之助らしいと思います。

※真々庵：1961〜67年にPHP研究所が置かれた京都・東山の一邸。現在はパナソニックの迎賓施設「松下真々庵」となっている。
※根源の社：万物の根源に感謝の思いをこめるために作られた。幸之助はしばしば社の前で素直な心になれるよう祈念した。

第三章

経営のコツを知れば、運命はひらける

経営の神様としての松下幸之助

「
自他ともの真の繁栄への道は、本当はもっとも平凡なところにある。
みんなが納得するしごくあたりまえのところにある。
別にむつかしく考える必要はないのではないか。

『道をひらく』
」

この章では、経営の神様としての松下幸之助を見ていきたいと思います。

ゼロから世界的な大企業を作った幸之助ですが、そのプロセスをよく見ると、意外に地道な仕事のやり方を生涯貫いています。

人が驚くような経営手法があったわけではなく、当たり前のことを毎日コツコツ実直にやっていた幸之助が見えてくると思います。

仕事、経営の本質を見抜き、それを徹底していった幸之助が、実業家として日本で最も成功したのです。

幸之助が経営についてどう考えていたか、仕事はどうやるといいと考えていたかを見てみましょう。

仕事に関しては、膨大《ぼうだい》なエピソードを残していますが、経営についての文章を先にご紹介します。

もうずいぶん昔のことになりますが、ある新聞記者の方から、「松下さん、あなたの会社は急速な発展を遂げてこられましたが、どういうわけでそうなったのですか。その秘訣《ひけつ》をひとつ聞かせてもらえませんか」という質問を受けました。一口に発展の秘訣といわれても、さてどう答えていいものか、一瞬とまどいを感じましたが、ふと思いついて、ぼくはその若い記者の方に逆にこう質問したのです。

「あなたは、雨が降ったらどうしますか」

その方はびっくりしたような顔つきをされましたが、ぼくが予期していたような答えを返してくれました。

「そりゃあ、傘をさします」

「そうでしょう。雨が降れば傘をさす。そこにぼくは発展の秘訣というか、商売のコツ、経営のコツがあると考えているのです」

雨が降れば傘をさす。そうすればぬれないですむ。それは、自然の理に従った姿で、いわばあたりまえのことでしょう。商売に秘訣があるとすれば、このあたりまえのことをあたりまえにすることだと思うのです。

具体的にいえば、百円で仕入れたものは、その品物の性質なりそのときの情勢に応じて適正利益を加えて、百十円なり百二十円なりで売るということです。

あるいはまた、何かを買えばその代金をキッチリ支払い、売れば代金をキッチリいただく、こうしたあたりまえのことをあたりまえにするということが雨が降れば傘をさすということで、それを力強く実践していくなら、商売なり経営は必ず成功するようになっている、そう思うのです。

雨の中、傘をささなければぬれるということは誰でも知っています。ぬれ放題というのは、よほどのことがないかぎりしないでしょう。

けれど、これが商売や経営になりますと、私心にとらわれ、いわば雨の中を傘もささずに歩きだすというようなことをしがちです。

たとえば、競争に負けてはならないということで、百円で仕入れたものを九十円で売るとか、売っても、何かと理由をつけて代金の回収を怠《おこた》る、その上、未回収の代金を残したまま借金をするといった姿が往々にして見られます。これは、いわば自然の理に反する姿で、これではうまくいくはずはありませんｎ。ぼくは、このような話を、そのとき新聞記者の方にしたわけです。

『松下幸之助からの手紙』（松下幸之助）より

幸之助は、ビジネスだからといって、特別な法則はないということを体験から学んでいたと思います。

工夫を凝らして、低いコストで質の高い商品を作る。そしてそれをお客さまに、良心的な値段で売る。

このサイクルを着実に繰り返せるかどうかが、成功の鍵です。

時には、経済の波のせいで、物が売れなくなったり、仕入れの材料が高くなって利益が減ったり、会社の人間関係で困ることもあったでしょう。

でも、仕事の基本は変わらなかったはずです。製品を作り、売っていく過程では、何百、何千という作業が必要でした。それらが平凡で単調な繰り返しであっても、誠実に地道にこなしていく「人材を育てること」が、一番大切な仕事だということに、幸之助は、あるとき気がついたのだと思います。

そして、「松下電器は、人を作る会社です。あわせて、電気器具も作っております」と言うようにと、幸之助は社員を教育していました。

組織として、自立して働ける人材を作り続けたことが、長期にわたっての成功を引き寄せたのだと思います。

松下幸之助を経営の神様として尊敬する経営者の方々も、エピソードや名言を読んで、なんとなくそのすごさを理解していると思います。

唯一の趣味とされる茶道

でも、何が彼を神様にまで押し上げたのかに関しては、よくわかっていないのではないでしょうか。

私は、周りの人を大切にしながら、日々の地道な仕事にいつも集中し続けたことが、彼を経営の神様にまで押し上げたと考えています。

つまり、人生や経営の成功に驚くような法則などなく、「当たり前の基本を長期間にわたって徹底することだけだ」と思うのです。

私は、「雨が降ったら傘をさす」というのは、いたずらに他にエネルギーを使わず、すぐに対処することだと解釈しました。

人は、雨が降ると、「なんで雨が降ったんだ」と右往左往したり、自分の不運を呪《のろ》ったり、天気予報を見ていなかった自分の不注意さにがっかりしてしまいます。

また、雨が降ることを誰かが教えてくれてもよかったのにと考え、それができたかもしれない両親、家族、上司、部下に文句を言ったり、責めたりするのです。または、そもそも雨が多い日本に住むべきではなかったという、全くとんちんかんなことを考えたり、悩んだりして、エネルギーを浪費してしまうのです。

一度雨に降られて、大変な目に遭《あ》った人は、いつか雨が降るかもしれないことを不安に感じて、外出をためらうようになるかもしれません。

一方、幸之助のように素直に生きている人は、そういったことをするかわりに、雨が降ったら、さっと傘をさすという当たり前のことをすぐにやります。問題があれば、すぐにそれにとりかかる。そこにはムダはなく、その分だけ問題解決までの時間も短くなります。

当たり前のことを当たり前に進めていくことが、実は、一番大切なのだということを理解できた人だけが、長期的には成功できるのです。

目の前にいるお客さんに対して良質な商品やサービスを提供し続けること、ただそれだけでいいのです。

そのことを幸之助は、人生を通じて証明したと私は思います。

仕事を楽しむ

一番幸せなことは、なんといっても、自分の仕事に興味を持って働ける、ということではないだろうか。レジャーを楽しむとか、趣味を持つということもそれはそれで大切なことにはちがいないが、それも、日々の仕事が楽しくやり甲斐あるものだということなしには、ほんとうは成り立たないものではないか。

『その心意気やよし』

幸之助は、「自分の仕事を好きになり、非常な楽しみ、興味をおぼえて取り組むのが人として望ましい姿である」と考えていました。

私も、ライフワークに関してたくさん本を書いてきましたが、全く同感です。

多くの人をインタビューしてきた経験から、人は、「自分の好きなことでないと一生懸命になれない」ものだし、結果もついてこないと思います。

考えただけでワクワクするような仕事を選ぶと、毎日が自然と楽しくなるはずです。そして、楽しくあれこれ工夫しているうちに、うまくいくのです。

逆に、嫌いな仕事を毎日続けるのは、苦しいものです。

これを読んでいる人の中には、「そろそろ今の仕事のやり方を変えなくてはいけない」と考えている人がいるかもしれません。

今の仕事はイヤだなと思いながらも、それを変える工夫や勇気がなかなか出せなかったりするのが、私たちの日常の姿です。

では、自分の仕事をどうとらえればいいのか。

終戦直後の１９４５年12月に松下電器社員に向かって話した講話をご紹介しま

しょう。

これから自由主義の世ともなれば、存分に仕事ができるようになり、再び自分の望む事業に没頭し、全心身を仕事に打ちこむことができるのだと思うと、非常にうれしくてたまらないのである。

仕事にはまりこみ、時間も忘れ、疲れも知らず熱中する。仕事から手を離すのが惜しくてならない。ただ働くことが愉快でたまらない。あたかも信仰の三昧境《さんまいきょう》に似た状態で、仕事にわれを忘れてしまうという、いわば仕事三昧の境に入りうることは、まったく楽しいことである。

またこの境地こそ、真剣に働く者のみの知る極楽の天地であり、人の知れぬ楽しい世界である。

私が皆さんに贈るべき最上の贈り物は、この仕事三昧にふけりうる状態を与えることであると思うのである。自分だけが楽しく働いていても、ほかの者が苦しく働いていたのでは、はなはだ申しわけない。自分と同様、皆が楽しく働けるような境遇をもたらさねばならない。

これがために自分も最善の努力をはらうが、皆さんも仕事三昧の境地に達することを希望し、これに向かい努力してほしい。

それには仕事を敬《うやま》い、一心不乱に働かねばならない。器用に小手先だけで処理してはダメである。真心こめて力いっぱい働かねばならない。軽率に取り扱ったりぐずぐずしていてはダメである。仕事に徹し、仕事とぴったり一つになりきらねばならないのである。

働きを神聖というのは、かく全身全霊を仕事の中にこめて働くときをいうのであって、働く人を神々しく感じさせるのも、この仕事三昧、無我の境に入ったときなのである。


『松下幸之助発言集29』（ＰＨＰ総合研究所編）より

幸之助が仕事について、「時間も忘れ、疲れも知らず熱中する」ことを「極楽の天地」だと考えていたということにとても共感を覚えました。

仕事が評価されるかどうかは、そのときの会社の状況、お客さんとの関係、経済の良し悪しに大きく左右されます。

でも、どんなときも変わらない、もの差しがあります。

それは、自分です。

「自分自身が仕事を楽しめる状態を目指すこと」は、誰でもできます。

幸之助も、コツコツ自分と向き合って仕事をしてきたのだと思います。

どれだけ周りに評価されるかなど、つい他に目がいきがちですが、仕事の醍醐《だいご》味《み》は、自分が心から楽しめるかどうかだと言えるでしょう。

つい上司、同僚、お客さんなどがどう評価してくれるかに意識がいってしまいがちですが、それだと、ずっと不安を抱えることになります。

でも、基準を自分に持ってくることができれば、もっと日常的に幸せを感じやすくなるのではないでしょうか。

仕事には、自分に喜びをもたらしてくれるものと、そうでないものがあります。

たとえば、人と話しながらの作業は何時間でもできる人が、コンピューターの前でひとりで作業するのは、苦痛かもしれません。

逆に、ひとりで集中してクリエイティブなデザインをするのが大好きな人は、大勢の人が周りでがやがやしていたら、ストレスがたまるでしょう。

自分の性格や才能を見きわめて、それを活かせる仕事を見つけられた人は幸せです。なぜなら、それをやっているだけで、もう十分に楽しいからです。

「仕事にわれを忘れてしまうという、いわば仕事三昧の境に入る」という表現は、まさしくライフワークのあり方です。

私は、「楽しくてワクワクする活動が、ライフワークだ」と考えています。

それをやることで、その人が一番に輝けることです。

幸之助は、仕事についてどう考えていたのでしょう。

若い人向けに書かれた文章があるので、ご紹介しましょう。


仕事というものは、会社から命じられたし、自分は社員であるからやらざるをえないんだ、というようなことでは、いい仕事はとうていできません。

仕事を進めていく過程では、はたの人が見たら、〝つらいだろうなあ、気の毒だ〟と思うような場合も、しばしばあると思います。しかし、はた目にはそういう状態であっても、自分自身としては少しも苦痛ではない、仕事のことを考えるのが、面白くてしようがないんだ、というように考えられるかどうかということです。ときに〝かなわんなあ〟〝困ったなあ〟と思うことがあっても、その一方でみずからを慰め思い直すということができないと、仕事の成功は望めないと思います。そして、そうした思い直し、気分の切り替えができるかどうかは、私は、その人が仕事が好きかどうかにかかっていると思うのです。

好きであれば、それがそれほどの苦もなくできます。一時的には煩《わずら》わしい、困ったなと思っても、つぎの瞬間にはその苦労を乗り切ることが面白いんだ、ということでかえって勇気が湧《わ》いてきます。しかし嫌いだとそうはいきません。だんだん苦しさがつのってきて、〝もう自分はこの仕事から逃げたい〟といったことになってくる。それでは仕事を全《まっと》うすることはできません。

会社生活においては、仕事のコツをつかまないことには、どんなに一所懸命に事にあたっても、労多くして功少なしということになってしまいます。先輩に叱られたり、こづかれたり、ときにはいじめられたりして、もまれもまれていくうちに、自分なりに仕事のコツを会得《えとく》する――それができるのも、やはりその人が仕事が好きな場合だと思います。嫌いでいやいややっていたのでは、苦しみや不満ばかりが残って、コツはつかめない。私は仕事なり人間というものは、だいたいそんなものではないかと思います。

『松下幸之助 若き社会人に贈ることば』（ＰＨＰ総合研究所編）より

幸之助は、別のところで、「今の仕事を好きになりなさい」と語ったことがありますが、それを読んでうれしくなりました。私も、全く同感だからです。

私は、好きなことを会社の外に探すだけでなく、今いる会社の中で、好きな仕事を探したり、自分のやっていることを好きになる工夫をしたりすることも大切だと思います。

幸之助も、「今、好きでなくても、もしかすると自分の天分を活かせる仕事かもしれない。頑張って続けていると、好きになることもある」と語っています。

こういうエピソードからもおわかりいただけるように、幸之助は、仕事を単なるビジネスとは考えていませんでした。

もっと、人間らしい活動としてとらえていました。

人を介して、商品やサービスが動くわけで、人とのつながりが強固であればあるほど、ビジネスもうまくいくと確信していました。

このことを端的に表した文章が残っています。


物が動いて、お金が動いて、それで一応の商売が成り立つというものですが、もう一つ根本的に大事なことは、物や金とともに、人の心もまたこれにのって、移り動いていかなければならないということです。

単に物をつくり、物を売り、そしてお金を得ているというだけなら、商売とはまことにさくばくとしたものになってしまいます。そうではないのです。物とあわせて心をつくり、物とともに心を売り、そしてお金とともに心

をいただく、つまり物や金が通い合うだけでなく、お互いの心というものがその間に通い合うことが、きわめて大切なのです。そこに、商売の真の味わいというものがあると思います。

『販売のこころ』(松下電器産業株式会社電池事業本部)より

「製品を作るときに、真心をこめる」というのは、日本的な考え方のように感じるかもしれませんが、世界的に通用すると思います。

なぜなら、自分のことを大切に考えてもらっていると感じた顧客は、その会社やその担当者個人に忠誠心を持つようになるからです。

信頼関係を築くことが、長期的な商売の成功につながります。

それは、松下電器、パナソニックが幸之助の亡くなった後も、持続、成長していることが証明しています。

与え上手

「いかなる人であっても、自分が受けるサービスの総点よりも、サービスする総点の方がプラスにならなければならない。これはもう、私は個人としても会社としても原則であると思うのです。」

『わが経営を語る』

「与える」という行為は、精神的に余裕がないとできないことです。

「自分は必要以上に、たくさん持っている」という感覚がない人は、人に与えられないでしょう。

興味深いのは、「十分に持っている感覚」を、何もないときから持てる人もいれば、大富豪になっても、持てない人もいます。

幸之助は、極貧の身から事業を興《おこ》したわりに、生涯を通じて、基本的に個人のお金に対しては、淡泊なところがありました。

仕事をするときに、自分個人の利益を優先していませんでした。お客さん、取引先、業界の利益を常に考えて、行動していたようなところがあります。

時には、自分の分を超えて、リスクを取りにいくこともありました。それは、自分のためだけでなく、公《おおやけ》のために必要だと考えたからです。

まだ会社も小さかった頃、業界のためにラジオの特許を買い取って、無償で公開したときのエピソードをご紹介しましょう。

昭和のはじめ、松下電器がラジオの製造をはじめてまだ間もないころのことであった。

当時、いわゆる街の発明家として、いろいろな発明考案をし、名をはせたAさんという人がいて、そのAさんが、ラジオについても三つほどの特許を持っていた。ところが、その内容が、ラジオ製造の上でかなり重要な部分であったため、いくつかのメーカーとの間にトラブルを起こしたりして、それが性能のよいラジオをつくる支障ともなり、ひいては業界全体の発展を妨げることにもなっていた。

そこで私は、こういうことでは、業界にとっても、また社会全体としても好ましいことではないと考え、思い切ってAさんに会い、主要な特許を譲ってほしいと交渉した。その結果、三つの特許を当時の金で二万五千円で買いとることができ、その特許をすべて、即日業界に無償で公開した。つまり、どのメーカーでも、これを自由に使ってもらって結構だということにしたのである。

二万五千円といえば、当時としては相当な金額である。それだけの金額を投じて得た特許を、無償で公開するということを、いわば町工場あがりの小メーカーにすぎなかった松下電器がやったのだから、業界ではずいぶん驚いたり、いったいどういうところにその真意があるのか疑ったりした面もあった。しかし、結果としては非常に喜ばれ、私は感謝状と記念品をもらって、いいことをしたと、いわば鼻高々であった。

ところがその後しばらくして、当時の業界のトップ・メーカーであった東京電気という会社の社長をしておられた山口喜三郎さんにお目にかかる機会があった。山口さんも「大変いいことをした」とほめてくれたのだが、その時に「金は大事に使うもんですなあ」とつけ加えられた。このことばが痛く私の心を打った。

私はそのことばで山口さんが、「あんたのやったことは、血気の勇や」と戒めてくれているんだと感じた。山口さんぐらいの立場になれば分相応のことだったかもしれないが、今の自分にはまだまだ分不相応なことだ、慎んだ方がいい、とそれとはなしに忠言してくれている、そう思ったのである。

「なるほど、これだけ大きな会社の社長で、財力はぼくの何倍も上なのに、そこまで考えてやってはんねんな」と反省した。業界発展の妨げとなっているものを取り除こうという考え方自体は、決して誤っているとは考えなかったけれども、経営者というものは、正しいことを実行するにあたっても、いろいろのことを考え、配慮した上で行なわねばならないのだな、と強く思ったのを今でも忘れない。

この教えは、その後もいろいろな機会に役に立ったが、このように人から教えられたことが、私にはこれまで直接間接にいろいろあるのである。

『松下幸之助 経営語録』（松下幸之助）より

青年実業家時代の幸之助の気合いが入った様子が伝わってきますね。

ビジネスの第一線で奮闘している様子を垣間見ることができます。

具体的な人物名が出てきましたが、こうして実際にいろんな人にお世話になったり、励まされたりして、幸之助が成長したということがわかります。

まだまだ30代の駆け出しの実業家ですが、その意気や良し!

「ガンバレ、幸之助さん。あなたは、将来、日本を代表する実業家になるんですよ! そのまま自分の道を信じて進んでいってください」と言ってあげたくなりますね。

30代の頃の幸之助。一人娘の幸子と共に

でも、当時の幸之助は、自分の器も会社もまだ小さくて、力がないことも十分承知していました。

それでも世の中のために大切だと考え、自分こそがやらねばならないと考え、特許の無償公開をやったのでしょう。

言ってみれば確信犯なわけで、そこが彼の「与える」ことができる器の大きさとも言えます。

そういう人物だからこそ、後に大きく成長できたのです。

私は、与える人は、時間差を経て必ず与えられると信じています。スピリチュアルなことを言っているのではありません。周りの人は、あなたがどう生きているかをふだんから見ていて、その人たちが助けてくれるからです。

私の話で恐縮ですが、私は、作家デビューする前に、小冊子を10万冊無料配布したり、著作シリーズの700万部突破記念として、特製ペンを1万本作って読者にプレゼントしてきました。

それは、応援してくださった読者のみなさんに感謝の意を表したいのと、与えることで、心と心のつながりが生まれると信じているからです。

もちろん下心があったらうまくいかないでしょうが、真心で与え続けたら、きっと誰かが応《こた》えてくれると思います。

お世話になった業界に貢献しようした幸之助の心意気は、明治生まれの経営者たちの心にも大きく響いたはずです。

この特許公開の一件の後、「あの松下さんか」といった感じで新しい取引が始まることもあったのではないかと想像します。彼が貫いた「与える」生き方は、陰に陽に、その後の幸之助を助けたのは、間違いないでしょう。

幸之助は、いきなり世界的企業のオーナーになったのではなく、零細家業、町工場と、ひとつひとつ階段を上っていきました。自信のないところから、悩み、試行錯誤をしながら、勇気を持って前に進んでいきました。

「良質で安価な製品を作り、それを問屋さんや販売店に販売してもらう。集金したお金で仕入れをして、また製品を作る」という商売のサイクルを延々と繰り返していったのです。

その規模が年を追うごとに大きくなっていったわけですが、仕事に関しての丁寧な基本姿勢は生涯変わらなかったようです。

社員・取引先・お客のすべてをファンにする

個人にも、お店にも、また会社にも、それぞれにそれぞれのファンというものがあるのである。そして陰に陽に力強い声援がおくられているのである。

おたがいに、この事実を改めて認識し直したい。そして、このありがたい自分のファンを、もっと大事にし、その好まれている自分のよさを、精いっぱい伸ばすようにつとめたい。

そこに個人の、お店の、そして会社の繁栄の鍵《かぎ》がある。

『道をひらく』

幸之助は、社員を家族のように考えているところがありました。

だから、できるだけ社員には利益を還元したいと常々考えていたと思います。

昭和初期の商慣行では、仕事は、出来高払いで、会社の売上が下がると、すぐに工員は解雇されていました。

1929年、アメリカ発の恐慌の余波で、日本経済も大混乱に陥りました。

松下電器でも売上は半減し、倉庫には売れない商品が山積みになりました。幹部たちは、「大将、ここは従業員を半分にするしかおまへん」と進言しました。

でも、幸之助は、「首切りはしない。生産は半分、工場は勤務も半日。ただし工員の給料は全額払う。そのかわり、店員（今の正社員）は、休日返上で在庫を売るんや。ここはしのぐしかない」と答えたそうです。

首切りが当然だと思っていた工員は、大感激です。店員たちはみんなで終日売り歩き、在庫は、2カ月でなくなりました。

松下電器は、ひとりの首切りも行わずに、苦境を乗り切ったのです。

その後、全従業員が一体になったのは、間違いありません。

戦後に一般的になっていく終身雇用制度も、そのはじまりは、幸之助のこういう考え方、やり方が源流なのでしょう。目先の雇用が不安では、安心して仕事はできません。安心して仕事に集中してもらうためには、雇用の安定が大事だと考えたのです。

家族のように考えていたのは、社員だけではありません。

お客さんにも、常に喜んでもらうことを考えていました。

実際に幸之助と接する機会があった人に話を聞くと、ずっと、おもてなしの心を忘れなかったようです。また、彼は相当細かいことに気づくタイプでした。

幸之助が愛した京都の真々庵《しんしんあん》で、お客さんを迎えたときの話です。

社員が庭で打ち水をしているところに幸之助がやってきて、「踏み石に水たまりができてるで」と注意しました。見ると、座敷から庭に出る沓《くつ》脱ぎの踏み石に、水が少したまっています。そして、幸之助から、雑巾《ぞうきん》でくぼみの水を吸い取るようにという指示があったそうです。

それは、和服で来たお客さんがそこで草履《ぞうり》を脱がれても大丈夫なように、という配慮でした。

社員は、言われるまでそんなことは考えてもみなかったそうです。

そういう細かいことに気づく感性は、丁稚《でっち》時代に鍛えられていたのではないでしょうか。

気配りができた主人から、同じ指示をされていたに違いありません。


松下電器では、新製品の発表などで記者会見をするとき、東京から大阪に記者を招待するということがありました。そうしたときには幸之助は、富士山が見える側に席を取るように指示していたと、聞いたことがあります。

幸之助は、お客さんが来る前には、お通しする部屋に来て、座布団がきれいに並んでいるか、表裏がきちんと揃《そろ》っているかをチェックしたそうです。

そのときの部下たちは、座布団に表裏があることも知らなかったし、だいいちお客さんがそんなことまで気にするのだろうかと思ったようです。

たとえば、新幹線の座席にしても、わざわざ富士山が見られる側の席を取ってもらったことに気がつかない人のほうが多いかもしれません。

でも、彼は、そんなことは全く気にしていなかったと思います。

なぜなら、誰も気がつかなかったとしてもやるのが、彼の生き方だからです。

でも、中には、幸之助の気配りに気づいた人もいたはずです。細やかな気配りをすることに、いたく感激した人がいたことは、想像に難くありません。

そういうことに気づける人物は、商売でも成功していたでしょうから、その後、幸之助のファンになって、松下電器の応援団になってくれたと思います。


もうひとつ、私が好きなエピソードがあります。

それは、ある企業の社長が、新幹線の中で幸之助を見かけたときの話です。

その社長が、話すきっかけを作るために、買ったみかんを差し出すと、幸之助は、丁寧にお礼を言って受け取ったそうです。

あこがれの幸之助と話ができた社長は、いたく感動したそうです。

さらに、幸之助が先に京都駅で降りる前には、わざわざその社長の席まで来て、ふたたびみかんのお礼を伝えました。

感激さめやらぬ社長がふと窓の外を眺めると、ホームで、自分に向かって、深くお辞儀をしている幸之助を発見しました。

みかんたったひとつでも、恩を忘れない幸之助の姿に感動し、涙が止まらなかったそうです。

帰宅した社長は、自宅と会社の電化製品を蛍光灯1本にいたるまで、松下電器のものに替えたそうです。

こうやって、ちょっとした触れ合いだけで、幸之助は、会う人を大ファンにしていったのです。その後の波及効果を考えると、結果的に幸之助の気配りが商売にもプラスに働いたことは間違いありません。

ちなみに、私もそれ以降、ことあるごとにこの話をするようになったし、自分でもパナソニックの製品を買うようになってしまいました。

みなさんも、きっとそういう気分になったのではないでしょうか。

「誰もがお客さんである」を考えると、ファンを増やすというのは、長期的な成功にとって、とっても大事です。

いったん本物のファンになってくれれば、その人は一生応援してくれるからです。

では、幸之助は、商売の損得を考えてそういう気配りをしていたのかというと、決してそういうわけではありません。

そのあたりのことがよく伝わるエピソードがあります。

1970年、大阪で万博が行われたときのことです。当時の部下で万博の松下館の館長代理を務めていた社員の思い出です。

（松下幸之助）相談役には、松下館の建設中から会期終了まで、それぞれの節目には必ずお見えになり、大所高所からのご指導はもちろん、細部にわたる具体的なご指示を賜わった。それらは、一貫して来館者の立場に視点を置いたものであり、すべての判断の基準はそれに沿ったものであった。

数多くあった中で二つをご紹介すると、ご存じの通り松下館へのアプロー

チは、一般道路から池にかけられた桟橋を渡って玄関に入るようになっている。その道路と桟橋の間には高低差があって階段がつけられている。問題はその階段の段数と、一段当りの高さと奥行きである。工事はおおむね完了に近い状態であり、われわれも何度となく歩いていて別に何とも感じてはいなかったのに、相談役は突然に「下駄《げた》はないか」と言われ、誰かが近くで探してきた下駄をご自分で履《は》かれて、一歩ずつ確かめるように登り降りされたのである。そして「万博には田舎からお年寄も来られる。下駄ばきの人もいるはずだから、この階段はその人たちにも安全でないといかん。君らは確認したんか」と言われた。これには皆が参ってしまって答えられなかった。経験のある専門家の設計だからと無条件に信じ、現場確認を怠《おこた》っていたばかりか、お年寄や下駄ばきの人たちに対する気配りができていなかったことに、恥ずかしい思いをした。結局、高さを低く、奥行きを改善することにした。

　また、会期中、入場整理のためにＴＶカメラで、その階段付近で入館待ちをしている人の列を、事務室でモニターできるようにしていた。ある日、何

野点用の大日傘と紙の帽子は、大いに喜ばれた

げなく見ていた私の眼に相談役が並んで待っておられるお姿が映った。いつも事前に連絡があるので横の入り口までお迎えに行っていたのに、どうなっているのか分からず、あわててその場所まで飛んでいって尋ねたところ「何分待ったら入れるのか時間を計っている。放っといてくれ」と言われた。そして後で指示されたことは、できるだけ待ち時間を短くするように、館内の誘導を考えよ、それに夏に備えて日よけを造っておけという二点であった。

早速、苗加館長を中心に打合せを

行い対応することにしたが、日よけには困った。大きな工事は会期中なのでできないため、建物との調和と、心理的な安らぎと、話題になることなどを考えて、写真のような野点《のだて》用の大日傘を立てるとともに、紙の帽子を配って補うことにした。

これもお客様に対する気配りが中心であり、しかもご自身で列の中に並ばれた結果、暑気対策として先を読まれ、出されたご指示と思い、常に顧客本位の考え方と、現場確認を実践されておられる相談役ならではのことと思った次第である。

また、本業以外の事業に対しても真剣に取り組んでおられるお姿を目《ま》の当りにすることができ、生きた勉強をさせていただいたことに感謝している。

『松苑　松下幸之助創業者とともに』

（中根清「万博で相談役から教わったこと」）より

このとき、松下館を訪れたお客さんが、その後も松下電器の会社名が入った帽子をつけたまま会場を歩き回ったので、「松下さんは、やっぱり宣伝が上手だ」と他の会社の担当者から、やっかみ半分で言われそうです。

たしかに、この帽子のプロジェクトは、結果的には松下電器のいい宣伝になったようですが、決して宣伝が先にありきではなかったのです。

最初のきっかけが、お客さんの暑さ対策を考えてのことであり、それが宣伝にもつながったというあたりが、幸之助らしいところです。

それにしても、お客さんの気持ちになるために、70代になった大企業のトップが長い列に何時間も並ぶとは、その気持ちに頭が下がります。

世界的な経営学の専門家のピーター・ドラッカーは、「ビジネスの目的は、顧客の創造と維持である」と語っています。

幸之助は、ドラッカーが言うところの顧客の創造、「ファンを作り続ける」ということを100年近く前からやっていたのです。

でも、考えてみれば、どの時代でも、それが人間の営みである限り、同じ法則が働くはずです。

商売で成功するためには、新たなお客さんを見つけ、その人たちをつなぎ止めておくことです。

一度しか買ってもらえなければ、商売がうまくいかないのは当然です。

「お客さんを喜ばせ続けること」

それができれば、ビジネスは成長するし、それができなければ、衰退するのです。

ファンは、どんなときも応援してくれる存在です。そしてファンでいてくれる間は、誠実にサポートしてくれます。

幸之助は、お得意さんという言葉で表現していますが、彼らの信頼を裏切らないことを信条としていました。

このことは、現在のビジネスにおいても、変わらぬ真理ではないでしょうか。

コラム

経営の神様の起業物語

松下電器を創業した23歳頃の幸之助

幸之助は、23歳で松下電器を創業しますが、大志をいだいて起業したわけではありません。

当時、病気がちで、将来の生活を心配していました。電気の検査技師として働いた分しか給料をもらえないので、自分が働かなくてもすむ商売をやらないといけないと漠然《ばくぜん》と考えていたようです。

最初に思いついたのは、飲食業でした。「ぜんざい屋をやろうと思う」と妻のむめのに相談すると、「私は水商売はやりたくない」と言われ、ぜんざい屋の夢は一瞬で消えます。

かわりに、電気の分野で独立することにし、むめのと、むめのの弟で後に三洋電機の創業者になる井植歳男《いうえとしお》の３人で商売をスタートさせます。

電気のことはわかっても、どんな製品を作ったらいいのかということは全くわかりません。見よう見まねで、それらしい試作品を作りました。

そんな行き当たりばったりの起業でしたが、二灯用差込プラグや二股《ふたまた》ソケットのヒットによって、商売は軌道に乗るようになります。

第四章

素直な心で物事を見れば、運命はひらける

素直な心になる

「素直な心になりましょう。素直な心はあなたを強く正しく聡明にいたします。」

『素直な心になるために』

幸之助が生涯大事にしたことのひとつは、「素直な心になること」でした。

素直な心になることが、人生でも、経営でも重要であると語っています。

素直に聞き、感じ、行動することがすべての基本で、それができないうちは、まだまだだと何度も語っています。それは、長い人生の中で見いだしたひとつの真理なのでしょう。

幸之助があるとき、社員をつかまえて質問したことがあったそうです。

「最近、幹部のいいところが見られなくなってきた。素直に人のいい部分が見えない。素直についての教科書はないか?」と彼に聞いたそうです。

普通なら、自分の会社の幹部がいい加減に経営しているように見えたら、ただ呼びつけて、叱《しか》りつけるだけでしょう。

部下のいい部分が見えなくなったと言って悩む幸之助は、人間として誠実だし、器が大きいと思います。その若い社員はびっくりしてしまったそうです。

そのやりとりがきっかけとなって、名著『素直な心になるために』が生まれました。

私たちは、年齢を重ねるにつれ、自分の考え方、物の見方は正しいと考えるようになりがちです。そして、すべて自分に都合のいい見方をしてしまうようになります。

これは正しい、これはよくないといった感じで判断を下すようになるのです。

特に、成功した人は、自分のやり方に過剰な自信を持ってしまいがちです。

でも、物事はたえず変化していきます。同じやり方でずっとうまくいくということは、どの世界にもありません。

なので、柔軟に物事をとらえることは、とっても大事になってきます。

それを幸之助流に言うと、「素直な心になる」ということなのでしょう。

「なぜうまくいくのか、うまくいかないのか」を素直に見るということが、最初のスタートです。

また、見るだけでなく、素直に感じる心も同じように大事です。

誰かが何かをやってくれたことに対して、「本当にありがたいことだなぁ」と素直に感じることができれば、自然と感謝ができるようになるでしょう。

また、問題が起きたときに、素直に謝れる感受性を持っている人は、人に好かれやすくなりますし、人望も得られるようになります。

自分の非をしっかり認められる人は、周りからもより信頼されるでしょう。そうは言っても、なかなか素直になれないし、間違いを認められないのが人間でもあります。

幸之助も例外ではありません。ただ、彼が、普通の人とちょっと違うところは、そういうできない自分ととことん向き合ったことです。

その誠実さには頭が下がります。幸之助でもそうだったのかという驚きと、逆に、すごさも感じるエピソードがあります。

素直な心になるのは、なかなかむずかしいねん。すぐになられへん。素直な心になることは非常に大事やけれども、そう簡単になれん。ましてすぐに素直な心になるということは、とてもできない。それで、ぼくはこういうことを考えたわけや。それは素直な心になるということを日々心に念ずると。

朝起きたら、仏壇のあるところやったら仏壇、神棚のあるところやったら神棚の前で、「きょう一日素直な心で無事にいかせてください」と心に念ずる。

それを三十年やったらな、三十年続けたら、まあ大きなまちがいなく、素直な心で、ものは見えるやろうと。要は素直の初段やな。素直な心の初段になるにはね、三十年かかると。というのは、碁を知らん人が初段になるには、いい先生について特別に勉強するのは別として、普通、碁を一万回打ったら、まあ上手下手はあるけれども、だいたい初段になれるというんや。

それでぼくは、素直な心の初段になるには、要はそれだけかかるということでやりかけたわけや。今、もう三十五年になるからな、まあ、ようやく初段になったくらいや。だから、諸君よりも素直にものを見ることができる。こういう考え方はあかん、これはこうしたほうがええということがある程度わかる。初段の程度でわかると。

きょう初めてぼくの話を聞いてね、「そうかいな」と思う人は、これはこれでええわけやな。しかし「そうかいな」と思わん人もある。「何や、わかったような、わからんようなこと言いよんな」というような人は、それはまだ時間がかかるわけや。素直な心にならないといかん、とらわれて見たらいかん、虚心坦懐《たんかい》にものを見ないといかん。とらわれない心でものを見ると。だから、自分に都合のええようなものの見方をしたらあかんな。

『リーダーになる人に知っておいてほしいこと』(松下幸之助)より

「素直な心になる」とは、単に従順になることではありません。物事をありのままにとらえることです。

幸之助が常に言っていたのは、素直にはいろんな種類があるということです。

PHP研究所で、幸之助に28年仕えた岩井虔《けん》氏によると、こういうやりとりがあったそうです。

「所長(幸之助のこと)、素直な人は万人万物に学ぶ人ですね」

「そういうことやな」

「そのように衆知に学ぶためには、やはり聞く素直さというのがいちばん大切なのでしょうか」

「そやな。まず聞く心がないといかんな。しかし素直な心の実践というたら、聞くだけではいかんな。言う素直さもあれば、行う素直さもある。例えばここに紙くずが落ちてるとするやろ。それを見た人は、〈汚いな〉と思っても、そのまま通り過ぎる人が多いわな。しかしほんとうに素直な人は、パッと手が出て拾うかもしらんな」


『松下幸之助 元気と勇気がわいてくる話』(岩井虔)より

この禅の導師と弟子のようなやりとりには、深く考えさせられました。

素直と聞くと、相手の言うことに従順な人をイメージします。

そして、どちらかというと、性格はいいけど、受け身で、言われたことしかできなさそうな人物を想像してしまいます。

でも、このエピソードを読んで、幸之助の言う素直な人物とは、「まっすぐな生き方をしている人」だという印象を受けました。

自分の心をオープンにして人の話を聞き、大切だと思ったら、すぐに行動に移せるような人物です。

自分のことだけを考えて、ずるく立ち振る舞ったり、くよくよ悩んだりしない清々《すがすが》しい生き方を想像します。

幸之助が考えた理想の生き方も、素直に聞き、素直に感じ、素直に考え、素直に行動できる人物ではなかったかと思います。

1974年（昭和49年）、「素直な心」と墨書する幸之助

実際、幸之助自身、生涯を通じて素直に生きる事を心掛けていました。

頼み上手

人に何か指示し、命令するにあたっては、「あんたの意見はどうか。ぼくはこう思うんだが、どうか」というように、その人の意見にあてはまるか、また得心できるかどうかを、よく聞いてあげなくてはいけない。
そしてその聞き方にしても、相手が返事のしやすいようにしてあげないといけない。

『人を活かす経営』

幸之助は、人と会うと、何かにつけて質問をすることが多かったようです。

質問されると、聞かれたほうは、それに対して考えざるを得ません。

必ずしも正解が出せるわけではありませんが、一生懸命考えるでしょう。

特に、質問してきた相手が自社の社長である場合には、一瞬頭が真っ白になったかもしれませんが、知恵を絞ったはずです。

幸之助は、質問をすることで、人に考えるという習慣をつけさせました。

幸之助は、質問の名人だったのです。

さきほどの岩井虔氏に聞くと、2つの言葉をよく言っていたようです。

「君はどう思う?」「なんで、そうなんや?」

いずれの質問も、相手に考えさせる質問です。

幸之助に質問されることで、部下は、みんな一生懸命に頭を絞ったことでしょう。幸之助の質問の意図を図りかねて、みんな冷や汗をかいたはずです。

質問をして、相手に考えさせるのは、禅の手法のようですが、こういうスタイルも、丁稚《でっち》時代に学んだのかもしれません。

あるいは、幸之助自身がかつて自宅の2階に相談相手としてお坊さんを住まわせていたことがあったので、そういう話法を学んだ可能性もあります。

ただよくよく考えてみると、幸之助は、相手を諭《さと》すために質問したのではなく、やはり自分の見方がずれているかもしれないという前提で、人に聞いていたのだと思います。

また、質問するときに、たえず正解を求めていたわけではなく、相手はどういう考えを持っているのだろうと思って聞いたのでしょう。

幸之助の孫にあたる松下正幸氏から、彼がまだ学生だったときの話を伺ったことがあります。

幸之助のところに、たまたま友人を連れて行ったとき、正幸氏があきれかえるほど延々と、友人本人のことはもちろん、彼の出身地、両親のことをずっと根掘り葉掘り聞いていたそうです。

何かのリサーチをしようとしていたわけではなく、本当に興味があったのでしょう。自分の孫と同い年の青年にも何十という質問を投げかけ、興味深そうに話を聞いてうなずく幸之助の姿が目に浮かびます。

彼は、そうやって人からいろんな情報を聞き出して、世の中のことに詳しくなったのだと思います。若い頃からの習慣になっていたのでしょう。

これが、衆知を集めるというのと相まって、彼のふだんの仕事になっていたのではないでしょうか。いろんな人に質問して、考えさせてその結果得られた知恵を経営に活かしていたのです。

そして幸之助は、仕事で部下に指示や命令をするときにも、実はこの「質問」という手法を使っていました。


松下幸之助の人間的魅力や、どうして多くの人から慕われたのか、ということを考えますと、人には呼びかけ調、依頼調で語りかけたということが、一つのポイントではないかと思います。

「君、これやりたまえ」と言わずに、「君、これやってくれるか」と言う。

すると、イエスかノーかを決める主体は、呼びかけられたほうにあるような感覚になります。そこには、本人の意志や力を引き出し、活性化させるようなエッセンスが隠されているような気がします。人の力を引き出す一つの呼び水みたいなものでしょうか。

『松下幸之助 元気と勇気がわいてくる話』（岩井虔）より

幸之助の質問は、好奇心ベースのときもあったでしょうが、常に本質を問いかけるものであり、指示を与えるときであっても、相手に意味合いをよく悟らせる指示のしかたでした。

そして、同時に周りの人たちに考えさせるという点では、一石二鳥だったのではないでしょうか。

依頼調で指示・命令されたら、部下の人は、プレッシャーなしに、考えられるようになります。

丁寧にお願いされると、自然と相手の思いに応えたいという気持ちにもなるでしょう。特に、偉い社長から頼まれたら、社員たちは、そのことだけでも、とっても光栄に感じたことでしょう。

本来は、会社組織なのだから、命令されてもおかしくないはずです。実際に、多くの会社はそのように運営されていました。

けれども、幸之助は、立場が上だからこそ、あえてやさしくお願いするようにしたのです。

頼まれたほうも、「こんな偉い社長が自分の意見を聞いてくれた。大事な仕事を任してくれた」と感じて、やる気も100倍出たことでしょう。

そうやって依頼・質問調の指示・命令を通して、自然に社員に責任を与えることが、社員全員が自由に物事を考える企業文化を作り、会社を発展させる原動力になったと思います。

叱り上手

「企業は社会に貢献していくことを使命とする公器であり、そこにおける仕事もまた公事である。私《わたくし》のものではない。だから、その公《おおやけ》の立場から見て、見すごせない、許せないということに対しては、言うべきを言い、叱るべきを叱らなくてはならない。

決して私の感情によってそれをするのではなく、使命観に立っての注意であり、叱責《しっせき》である。」

『実践経営哲学』

「人を叱る」というのは、とても難しいことではないでしょうか。

頭ごなしに叱っても、人は、やる気を失うだけだし、相手がこちらの話に納得できなければ、反発を食らうだけです。

子育てを考えれば、叱るということがどれだけ難しいかがよくわかるでしょう。旦那さんが「子どもをちゃんと叱ってくれない」というのが、妻の不満の上位にくることからも、家庭での大きな問題にもなっています。

会社の中でも、部下を持って一番困るのが、この「叱る」という部分です。

学校では、体罰などが問題になったり、会社でも、パワハラで訴えられるリスクもあります。

なので、誰もが「叱る」ということに対して、腰が引けていたり、混乱しているのが、実情ではないでしょうか。

幸之助は、この「叱る」ということにかけても、達人でした。

私も幸之助が人をどうほめて、叱ったのかを詳しく知りたくて、ずいぶんエピソードを読み込み、講演録などを聞きました。

ところで、幸之助のビデオ、音声ライブラリーは、京都にあるＰＨＰ研究所本社ビル内にある松下資料館で一般公開されています。予約をすれば、誰でも無料で見ることができるので、京都に観光や仕事などで行くことがあったら、京都駅前の絶好のロケーションにあるので、ぜひ立ち寄っていただきたいと思います。

私も、その資料館に通って、公開されているすべてのビデオを見ました。半日過ごしていると、もう幸之助に直接話しかけられているような気分になります。本人の講演や元社員の方の思い出話のビデオを見ていると、幸之助をごく身近に感じられるようになりました。

中でも、心を奪われたのが、収録当時すでにけっこうな年齢になっている白髪《しらが》交じりの元社員の方たちが語るビデオです。自分たちが若い頃、幸之助に叱られた体験についてうれしそうに語っている姿は、とても印象的でした。

まるで、自分がどれだけ叱られたかを競争して自慢しているかのようでした。

幸之助は、晩年こそ禅の師匠のような穏やかな雰囲気を持っていましたが、若い頃は相当情熱的で、叱り方も激しかったようです。

製品の品質、お客さんに対しての応対などに関して、すべて一流の目線で見ていたので、部下に対しては厳しかったのでしょう。

幸之助の叱るスタイルには、独特のものがあったようです。

体験記を読んでみると、若い頃の幸之助は、頭ごなしに怒鳴りつけて、延々と何時間もお説教することがあったようです。

怒りのあまり火箸《ひばし》をたたきつけたために、金属製の火箸が曲がったという武勇伝もあるほどです。

でも、その後は、叱った相手が落ち込んでいないか、部下に車で送らせて確認したり、叱った部下の奥さんに電話を入れたり、細やかなフォローもしていました。

そのきめ細やかなあたりが幸之助らしいのですが、何年かたつ間に、「ただ叱るだけだと人は変わらない」ということを悟ったのかもしれません。

製品と同じように、何十年もの試行錯誤を経て、独自の叱り方を研究、改良していったのではないでしょうか。

頭ごなしに叱りつけるかわりに、幸之助の場合、たくさん質問することが多かったようです。

たとえば、「あの件について君はどう思ってるんや」と、質問形式で聞かれるので、自分が叱られているとは気づかないままの、にぶい部下もいたことでしょう。

センスのいい人は、「やばい。これは、単なる質問というわけではなさそうだ」と自分の状況を察知して、冷や汗をかいたはずです。

叱ることに関しての幸之助のエピソードをご紹介しましょう。


あるとき、私どもの会社で、もうかなりの地位にある人がちょっとした過《あやま》ちをおかし、これは見すごしにはできないというので、譴責状《けんせきじょう》を渡して注意することにしました。それで私は、その人を呼んでこういう話をしたのです。

「君のやったことに対して、譴責状をあげようと思うのだが、もし、君に多

少とも不満があれば、こんなものはもったいなくてあげられない。だからやめようと思う。君がほんとうに〝なるほどそうだな〟と感じるのなら、君は今後反省して非常に立派な人になっていくだろうから、それだけの手数をかけても価値はあると思う。けれども〝こんなに叱られるのはつまらんな、しかしまあ仕方ない〟ということなら、こうしてつくってあるけれど、あげないことにするが、どうかね」

そうするとその人は「よく分かりました」と言うので、「ほんとうに君、分かったのか、これを心からうれしく思うか」「ほんとうに思います」「それなら結構だ。じゃあぼくも喜んでさしあげよう」というようなことで渡そうとすると、ちょうどそこへその人の同僚と、その上司が来たのです。それで、「ちょうどいいところに来た、君らもちょっと立ち会ってくれ」「何ですか」「実はいま〇〇君に譴責状を渡そうと思うのだが、彼が喜んでもらうと言うから、ぼくは非常に愉快になっているところだ。いま読んでみるから、一緒に聞きたまえ」。

そう言って読んで聞かせたあとで、私は三人を並べてこんな話をしたのです。

「君らは幸せだ。こうして譴責してくれる人があるということはいかにうれしいことか、ぼくは実際そう思う。もしぼくが過ちをしても、かげで『けしからん』と言っても、なかなか面と向かっては言ってくれない。だから気づかぬうちに過ちを重ねることにもなりかねない。幸いにして君らには、ぼくや他の上役がいるから、叱ってもらえるのだ。こういう機会は上へいけばいくほどなくなってくる。だからこの機会は実に尊い機会だと思わなくてはいけない」

こんな注意の仕方はちょっと非常識かもしれませんが、幸いにしてその人は素直にそれを受け取って、その後立派に成長してくれました。

『経営心得帖』(松下幸之助)より

叱ると言っても、ずいぶん、悠長な感じも伝わってきますね。

子育てでも、仕事でも、叱るときに、つい自分の感情が乗ってしまうことがあります。自分のイライラを関係のない部下にはき出すように叱ってしまうことは、誰でも経験があるのではないでしょうか。

でも、それだと、「八つ当たりされた」という気持ちしか、相手には残りません。場合によっては、恨《うら》みが残ることもあるでしょう。

そうなったら、叱った意味が全くなくなります。

人を叱るときに重要なポイントは、個人的な感情で叱るのではなく、相手の成長を願うことでしょう。

子どもに宿題のことで叱っていたのに、実は、自分の仕事や家事のストレスも一緒にはき出していたりもするのです。

また、上司に実績が上がっていないことを叱責されて、そのまま部下に当たる人もいます。

幸之助も、若い頃は、自分の感情のままに叱っていたことがあったようですが、ある程度の年齢になってからは、上手な叱り方を身につけていています。

私たちも、時間はかかるかもしれませんが、自分の感情を横に置いて、相手を叱る練習が必要なのかもしれません。

このエピソードのように叱られたら、この人の恩に報いるためにも、もっと人間的に成長したいと心から思うのではないでしょうか。

どんなときも相手の自主性を尊重した幸之助らしいエピソードだと思います。

行動心理学的には、人間には叱られて動くタイプと、ほめられたほうが動くタイプがいます。

厳しく批判されたり、怒鳴られたりすることで気合いが入る人は、あんまりほめられると、かえってモチベーションが下がってしまいます。

叱られることで、今の自分ではダメだ、もっと頑張ろうと思って上を目指して努力するのです。

一方で、ほめられて、励まされて伸びていく人もいます。

こういうタイプは、ポジティブな雰囲気の中で、「今のままでもいいけど、もっと上があるよ。それができたら、すごいよ」とおだてられ、盛り上げられているうちに、頑張れてしまうのです。

あなたは、どちらのタイプでしょうか?

幸之助は、相手のタイプを見きわめて、この人はほめて育てよう、この人は叱って育てよう、と考えたのではないかと思います。

どうしても叱らなくてはいけない場合でも、そこに愛があれば、きっと叱られたほうもそれを感じ取ったはずです。

幸之助は、叱るときも、やさしさ、思いやりを上手に伝えられる人だったのでしょう。

謝り上手

あやまちは改めなければならない。あやまちとわかればすぐに改めることが肝要である。それがなかなか簡単にはできにくいのが人情ではあろうが、しかし、みずからのあやまちはみずからが改めなければならないのである。

『決断の経営』

私たちは、自分に非があるときでも、それを素直に謝ることがなかなかできません。特に、社会的に偉くなればなるほど、過ちを認めることが難しくなってしまうのではないでしょうか。

経営者として成功すると、自分は偉いと錯覚するようになります。多少自分に落ち度があったとしても、素直に謝れず、部下のせいにしてしまいがちです。

幸之助は、自分に非があると思ったら、素直に謝れる人物でした。

それは、どこからきたのでしょうか。

彼は、丁稚時代から弱い者の立場に長く置かれ、さんざん苦しんだはずです。使用人や後輩に対して、暴力を振るってもあまり問題にされなかった時代のことですから、幸之助も怒鳴られたり、殴《なぐ》られたり、物を投げつけられたりといった理不尽な場面に何度も遭遇したことと思います。

幸い幸之助の主人は人格者で、厳しいといってもほほを張られた程度でしたが、たとえ理不尽なことがあったとしても、「自分は、悪いと思ったら謝れる人間になろう」と、どこかで決めたのではないでしょうか。そして、それを自分に課しているうちに、そういう態度が自然と身についていったと想像します。

幸之助は、感謝するときも本気なら、謝るときも本気です。本当に申し訳ないと思ったら、深々と頭を下げて、潔く謝りました。

実際に、どんな様子だったのかを示すエピソードがあります。


昔、松下電器が四、五百人ぐらいの町工場に成長し、信用も増しつつあったころのことです。

ある日、店員の一人がお得意先回りで、ある問屋さんへ行ったところ、そのご主人がたいへん立腹していたのです。

「おまえのところの品物を小売屋さんに売ったら、評判が悪いといって返されてきた。せっかく売ったのに返されて、わしは憤慨しているのだ。けしからん。だいたい松下が電器屋をするなどとは生意気だ。電器屋というのはむずかしい技術がいるものなのだ。こんな品物をつくるくらいなら、焼きいも屋でもやってろ。帰ったらオヤジにそう言っておけ」

店員はそのとおり私に報告しました。それで私は、「ああそうか。そんなに怒っておられたか。それなら近いうちに行って謝っておこう」と言ったのです。そして、自分でその問屋さんを訪問しました。

「このあいだはたいへんなご立腹で、申しわけありませんでした。店員に聞いたのですが……ほんとうにすみませんでした」

私がそう言うと、問屋さんのご主人は、「いやおそれいった。腹立ちまぎれに強く言ったのだが、お宅の店員がまさか焼きいも屋になれということをそのままあなたに伝えるとは夢にも思わなかった。失礼した。腹を立てないでくれ」と言われるのです。

そこで私も、「いや、腹など立てはしません。これから注意して、なおいいものをつくりますから」と言うと、先方も恐縮してあとは笑い話になったのです。

このことが転機となり、その問屋さんとは非常に親しくなり、いわばひいきにしていただくようになったのです。

これはうまくいったという話をしたいのではありません。実はこれが下意《かい》上達《じょうたつ》の姿だということです。店員が言われたとおり私に伝えたのは、日ごろ常に私が、たとえいやなことでも話してくれよと言いきかせていたからです。

そうでなかったなら、どうなっていたでしょう。おそらく店員は、そのようなことをおやっさんに報告したらいやな顔をされるだろう。だから怒っておられたという程度にしておこうということになるでしょう。あるいはそれを番頭に相談する。すると番頭が、焼きいも屋のことだけは言わないでおいたほうがいいという場合もあるのではないでしょうか。それでは主人公である私には、実際のことが分からなくなってしまいます。

『商売心得帖』（松下幸之助）より

この文章で幸之助が言いたかった主テーマは、下意上達が生まれる雰囲気作りの重要性で、商売をする上で、悪い情報を集めることは大切だと考えているあたりが、ひと味違う感性だと思います。

人間は、どうしても自分は悪くないと思いがちですし、あまりネガティブなことは聞きたくないものだからです。ただ、私は前半の謝る姿勢に感銘を受けました。

たとえば、飲食店をやっているときに、「味付けが濃すぎる」とお客に言われても、「すみませんでした」と素直に認められる店主は少ないものです。

それは客が間違っている。文句を言う人は来なくてもいい。値段が高いと言われても、そういう客はいらないと、ついひとりよがりになってしまいがちです。

ところが幸之助は違いました。

もちろん、お客さんの声をすべて聞けばいいというわけでもありません。

でも、いつも、「自分は間違っているかもしれない」という前提でいろんなことを進め、間違っていると思ったら素直に謝れるようでないと、道を間違うことも多いと思います。

謝るというエピソードでは、はずせないものがあります。

それは、松下電器の商品を売ってくれる販売会社、代理店が集まった会議（通称「熱海会談」）の一場面です。１９６４年、オリンピック需要の先取りがいったん落ち着いたために、日本全体が不況に見舞われました。電機業界も例外ではありませんでした。

オリンピックに向けて各社が大増産したつけが、回ってきたのです。生産過多で、業界全体が膨張してしまい、そのために、松下電器の販売会社や代理店の多くが赤字に陥っていました。

松下電器は、３万７０００人を抱える大企業になり、２２００億円の売上を誇るようになって、幸之助も３年前に社長から会長に退き、なかば引退していましたが、解決策を見いだすべく、販売会社、代理店の社長を熱海のニューフジヤホテルに招聘《しょうへい》し、みずから壇上に立って会談に臨みます。

そこで行われた会議は、紛糾《ふんきゅう》しました。

販売会社、代理店側が、製品が高い、松下電器の指導が悪いと文句を言えば、幸之助は、あなたがた経営者の経営努力が足りないと応酬《おうしゅう》しました。

幸之助は、「血の小便が出たことがあるのか?」という厳しい言葉で、赤字販売会社、代理店経営者の甘さを指摘するなど、激しいやりとりがありました。

お互いを非難するばかりで会議は平行線をたどり、予定を1日延ばして、さらにみんなで話し合うことになりました。

それでも松下電器側と販売会社、代理店側はそれぞれの意見を譲りません。

そのときの幸之助の考え方と行動をご紹介しましょう。

しかし、なんとかしなければならない。私は、これまでいろいろと不平不満をぶつけられたことをふり返ってみた。それらの不平不満は、一面、代理店、販売会社自身の経営に対する甘さから出てきたものと見ることもできる。だからそういう指摘もした。けれども、静かに考えてみると、松下電器自身にも改めなければならない問題がたくさんあるのではないか。それらの不平不満が出てくるというのは、やはり松下電器自身の販売の考え方、やり

方によわいものがあるからではないのか。

　そうしてみると、責任は松下電器にもある。いや、その責任の大半が松下電器にあるのではなかろうか。私はそういうことをしみじみと感じた。反省をしなければならないのは松下電器自身である。販売会社、代理店さんからの信頼を受けているうちに、知らず識《し》らず慢心の心が出てきていたのではないか。それが今日の姿を生み出した原因のすべてではないのか。

　私は、これは松下電器が改めるべきを改めなければならない、創業の昔の心にかえらなければならない、と思った。創業のころには、工場でつくったものを問屋さんに持っていって、そして批判をいただいて、そこに感激をもって販売をしていた。その姿は、いくら会社が大きくなっても、見失ってはいけない。

　事の成らざるは自分にあらずして他人にあるのだ、というような考えを一部もっている者があるとしたならば、大変なまちがいである。私どもはついつい、代理店さんがもっとしっかりしてくださったらなどと思うときもあるが、これも大変なまちがいであった。やはりその原因は私ども自身にあることを考えないといけないのだ。

『決断の経営』（松下幸之助）より

いかがでしょう。

幸之助は、昔のことを思い返しながら、深い感謝を感じました。そして、お世話になった人たちに謝らなければいけないという確信を持ったのです。

ですから、実際に次のような返答を始めたのでした。

「……松下電器が今日の姿に発展したのも、みなさんやみなさんの先代が松下電器を育ててやろうとごひいきにしてくださったおかげです。そのことを考えれば、この現状について私の方から不足を申しあげるのはまちがっていました。みなさんが損を出しておられるのは、松下電器の注意が足りなかったからです。今後は、松下電器は、取り引きその他いっさいの点に根本的な改善をして、みなさんの経営の安泰のため、業界の安定のために本当に努力をしなければならないと感じております」

そのとき私は、かつて松下電器がはじめて電球をつくって売り出したころのことを思い出した。それでその話をした。はじめて売り出した電球に一流品と同じ価格をつけ、これでは売れないと言われる問屋さんに、松下電器を育てていくためにどうかこの価格で売ってくださいとお願いし、ご理解をいただいたのであった。そしてその後、松下電器は本当に電球はじめその他の電気器具の一流品を多くつくって世に送ることができるようになった。それもこれもみんな、代理店、販売会社の方がたのおかげである。

そのことを思い出し、話しているうちに、私の目から思わず涙がこぼれてきた。話すことばも途切れて、ハンカチで涙をふいた。すると、社長さん方も、多くの人がハンカチを出して目にあてている。

ある代理店の社長さんが立って言った。「考えてみると、松下さんとわれわれの間は、単なる金銭などで結ばれているのではない。もっと深い、精神的なつながりがあるのだ。これまで松下さんがわるいといって責めてばかりきたが、これはわれわれもまちがっていた」

そういうことで、二日間にわたる激論の結果、最後はまことに心あたたまる、感動の場面で終わった。

その後、松下電器は、この熱海会談の内容をふまえて、気持ちをひきしめ、新しい販売制度を生み出し、実施していった。そしてその結果、幸いにも、販売会社も代理店も、また販売店も逐次好ましい経営状態をあらわすようになったのである。

『決断の経営』(松下幸之助)より

幸之助が涙ながらに謝り、感謝を述べたことで、販売会社、代理店の社長さんにもその誠意が伝わりました。

その会議に居合わせた人はみな感動して、男泣きに泣いたということです。

このとき、参加した200人にお土産として配られたのが、「共存共栄」という言葉が書かれた幸之助直筆の色紙です。

代理店とともに栄えていきたいという気持ちを込めて、丹念に1枚ずつ書いたと思います。その気持ちは、きっと来場者に伝わったことでしょう。

このエピソードのように、初心に戻れる経営者は少ないと思います。私たちも、仕事をスタートさせたときの感動、感謝、ワクワク感をどれだけキープできているでしょうか。

成功している人は、仕事がマンネリになっているかもしれませんし、今仕事が楽しめなくなっている人は、昔の感動が薄れている可能性を考えてみましょう。

何度も初心に戻ることができる人が、継続して成功できる人なのです。

熱海会談を終えた幸之助は、営業本部長代行となって、第一線に立ちます。

大企業では前代未聞の会長兼営業本部長の誕生です。

幸之助は、最初に、不必要な経費の見直しを命じ、それにより大幅なコストカットを実現します。

熱海会談の模様。壇上に立つのは幸之助

やり方はとてもユニークです。

当時、あらゆる報告書類が全国の支社から本社に集まってきていました。

それを全部持ってこさせて会議用の机の上に積み、しばらくそのままにしておいて、誰も取りに来ない文書は、必要ないと見なして、作るのをやめさせました。

それだけで莫大《ばくだい》な事務経費の削減につながり、浮いたお金を代理店の販売促進費にあて、営業のてこ入れをしたのです。

幸之助が現場に戻ったことで、現場の士気が相当上がりました。

販売制度の改革に向け、松下電器、販売会社、代理店、小売店の心がひとつになって努力した結果、経営状態も急速に回復したのです。

１９６６年11月の決算では、売上２５６５億円、経常利益は、過去最高の２８７億円を計上することができました。

ここに至ってようやく、幸之助は日々の経営の問題から解放され、日本、世界の未来についてじっくり考える時間が取れるようになりました。

そして、これまでの自分の人生を俯瞰《ふかん》しながら、「どう生きるべきか？」という普遍的なテーマと向き合っていきます。

「仕事とは？」「運命とは？」「人生の意味とは？」など、哲学的な課題について思索を深めていきました。

その成果を本にまとめていきますが、幸之助の著書は、すべてが全国的な大ベストセラーになりました。

代表作『道をひらく』は、１９６８年、幸之助が73歳のときの作品です。

その後も、その創作意欲は衰えることなく、80代になっても、『指導者の条件』『素直な心になるために』『実践経営哲学』『人を活かす経営』『人生心得帖』など、今でも読み継がれる名著を次々に世に出していきました。

　人生二毛作という言葉がありますが、実業家として成功した後は、哲学者、思想家としても、大成功を収めることになりました。

コラム

人の話を本気で聞いた幸之助

どんな人の話にも、真剣に耳を傾けた

松下幸之助のエピソードを読むと、彼は、純粋に人から話を聞くのが好きだったと想像できます。

会社の会議でも、椅子にやや浅めに座って、正座するようにぴしっと背筋を伸ばして、発言する人の意見を聞いたそうです。そして、人の話を聞くときは、その人の目をじっと見て、真剣に耳を傾けたといいます。

幸之助に話を聞いてもらっただけで、感激する人が多かったのは、彼の傾聴する姿勢ゆえでしょう。

質問の答えをじっくりかみしめてから、「おおきに。大変参考になりました」と言うことが多かったそうですが、言われた人はみんな大感激です。

それは、自分の会社の高卒の工員に対しても同じだったようです。「僕は、小学校もまともに出ておらんから、教えて欲しい」と尊敬する大社長から言われたら、感激するよりも、びっくりしたことでしょう。

幸之助に声をかけられた人は、みんな大ファンになりました。

第 五 章

運と愛嬌があれば、運命はひらける

ピンチの切り抜け方

「世にいう失敗の多くは、成功するまでに諦めてしまうところに原因があるのであって、最後の最後まで諦めず、地道な努力を重ねていくことが大切だと思う。」

『縁、この不思議なるもの』

ピンチというのは、人生に定期的に起きるものです。これまでに、一度もピンチに陥ったことがない人はいないはずです。

ピンチは、健康、仕事、お金、人間関係、パートナーシップ、家族関係、時間などの分野で起きます。

困るのは、複数の分野で同時に起きるときです。

仕事でトラブルに巻き込まれたと同時に、男女関係や家族関係でも問題が起きてしまったりするのです。まさに、「泣きっ面《つら》に蜂《はち》」ということわざがぴったりな状況に陥ったことがある人も多いのではないでしょうか。

そういうときに、八方ふさがりの感じがするのは当然です。

そこで、その人物が大きくなれるかどうかが、試されるのです。

幸之助の人生の年表を見ていると、順風満帆《じゅんぷうまんぱん》だったときよりも、ピンチのときのほうが、時間的には長かったのではないかと思うほど、次から次へとトラブルに見舞われます。

大きなピンチは、人生で3回あったと本人が語っていますが、小さいものなら、それこそ毎週のようにあったのではないでしょうか。

売上が立たない、お客さんからのクレームが殺到する、返品の山が築かれる、どれも経営者にとっては悪夢のような話ばかりです。

そういった試練をすべて乗り越えてきた幸之助だけに、経営者にファンが多いのもうなずけます。

幸之助のピンチの切り抜け方は、普通の経営者とちょっと違う感じがします。たとえば、普通の経営者だと、なんとか自力で乗り越えようとするものですが、幸之助は、衆知を集めることを大切にしていました。

ちなみにこれは、ふだんの経営にも活かされています。幸之助はいろんなアイデアを出すことを奨励して、提案を受け入れています。もちろん、大半のアイデアや提案は使い物にならなかったでしょうが、その中のある一定の数は、すばらしいものが出てきていたはずです。

さて、では幸之助が、ピンチのときにどう対処したか、見てみましょう。

これは第二章のエピソードでも登場した後藤清一氏の思い出です。非常時には、トップがどう振る舞うかが、その組織の行き方を決めます。

かつて私は、松下幸之助氏と井植歳男《いうえとしお》氏に仕えた。たまたま災難で絶体絶命のピンチにいたったおりに、お二人のとられた措置は失礼ながら、見事というほかなく、その経営者根性には深い感銘をうけたのであった。

第一は、昭和九年九月二十一日、室戸《むろと》台風の被害。関西だけで死者三〇〇〇名、負傷者一万五〇〇〇名、家屋被害四七万五〇〇〇戸……甚大《じんだい》な被害。前年、全社挙げて福島区大開《おおひらき》町から門真《かどま》市に移転したばかりの松下も大打撃をうけた。

本社一部損壊、乾電池工場全壊、配線器具工場全壊……このとき、私が工場長をしている松下電器第一、二工場の主力工場も倒壊してしまった。

たまたま激しい風で、工場を巡回していた私が、ふと見上げると主力の木造工場の屋根が、波うっている。あの屋根の下では多数の従業員が作業中だ。「全員退避!」と避難させると同時に、主力工場は音を立てて崩壊した。

一人の負傷者もなかったことがせめてもの慰めであった。

松下氏が、倒壊した第一、二工場の門前に立ったのは昼近く、まだ風がおさまりきる前であった。

「あっ、大将ッ、ご苦労さんです。えらいことになりました。まあ、いっぺん、ずっと見回ってやってください」

「いや、かめへん、かめへん」

「――ハア？」

松下氏の手には扇子《せんす》が握られていた。見れば、それが横になり、縦になりしている。

「後藤君なあ、こけたら立たなあかんねん。赤ん坊でも、こけっぱなしではおらへん。すぐ立ちあがるやないか。そないしいや」

そういって、すぐに引き返された。工場の被害状況など、どこ吹く風。一瞥《いちべつ》もくれずに去っていく。ほかでもない、松下の工場である。しかも、全力をあげて移転したばかりの松下が甚大な打撃を蒙《こうむ》ったのだ。

そうか、そうなのか。すんでしまったことはしかたがない。あとの仕事があるやないか。再建はどうするか、資金の調達はどうするのか、その間の製造、市場、従業員をどうするのか……人の上に立つ人間には仕事が山積しているはずだ。起こってしまったことの周囲をグルグルまわっているヒマはない。こけたら立たなあかんぞ。そういうことなのか。

——私は、このとき教わったのだ。

人生を生き抜く基本は、実は、こけたら立たなあかん、の一言にあるようだ。

『こけたら立ちなはれ』（後藤清一）より

幸之助は人物が大きいですね。

ちょっとしたことで右往左往してしまう私たちとは、大きな違いです。それは、想像を超える修羅場《しゅらば》を何度もくぐっているからでしょう。

死線を越えるという体験をしている人間は強い。肝《きも》が据《す》わっていると、何が起

きても、ドシッと構えていられるのでしょう。
　ちなみに、幸之助が敬愛する発明家のエジソンも、自分の工場が火事で全焼したとき、家族を呼び寄せ、「こんな火事なかなか見れないから、見たほうがいい」と言ったというエピソードを残しています。
　こういう世界的な活躍をする人たちは、感覚がちょっと違います。
　それが、もともとの生まれつきなのか、それとも、人生経験を積むことによって身につくものなのかは、興味深いところです。

1933年（昭和８年）竣工の門真本店・工場

幸之助は、どちらかと言うと、いろんな体験をする中で自分を見つめて、少しずつ変えていった感じがします。常に客観的に自分を見ようとしたり、他人の意見を聞くことを大切にしていたことからも、それが窺《うかが》えます。

肝が据わった上で、人からの意見もしっかり吸収して、冷静に判断できる。

幸之助が、最強のリーダーだったのも、うなずけます。

運について

「ぼくも幸いにして成功した部類に入るのかもしれませんが、これは自分の力ではない、運のおかげである、自分も努力をしたけれど、その努力はせいぜい一割か二割で、大部分は運のためである。

そう考えて、あんまりえらそうなことを言ったらあかんと、こう思っている。」

『人生談義』

幸之助は、経営に関してユニークな哲学を持っていますが、特に際立つのが、採用に関してだと思います。

面接のとき、「君は、運が強いか？」と聞くことがあったそうです。

運のいい人は、同じことをやっても、成功しやすいからです。

幸之助は、人間に関して、経験則に基づいていろんな仮説を持っていたのだと思います。

そのひとつが、「運の強い人を選ぶ」という結論に行き着いたのだと思います。

私も、学生時代に幸之助の本を読んでいたので、それにあやかって、何かで人を選ぶとき、運がいいかどうかを見るようにしてきました。

新しい出版社で本を出すことになったときは、編集部で一番運がいい人を担当者にお願いするようにしています。

そういう人と組んだ本は不思議とベストセラーになりました。

運のいい私の担当者は、その後、それぞれの会社で編集長や役員になったり、社長になったりしていきました。

数年で消えていく作家が多いビジネス書の分野で、私が長く本を書き続けることができるのも、運のいい人に支えてもらっているおかげです。

運のいい人は、さらなる運を呼びます。

同じことをやっていても、運のいい人は、今の状態をさらに飛躍させる力があります。そして、マイナスのことが起きても、それを最小限でとどめることができます。

運について、幸之助がどう考えていたのか、前章でも登場した岩井虔氏がこんな証言を残しています。


ある時、ジャーナリストの田原総一朗氏が松下幸之助の取材に来られ、私も同席しました。ちょうど松下政経塾を構想していた頃で、田原氏はその質問をされました。

「どんな人を採用されるのですか」

「二十一世紀のリーダーを採用します」

「松下幸之助さんのお眼鏡にかなう、指導者の卵といえばどんな人ですか」

「会《お》うてみな分からんが、しいて言うと、運の強い人ですなあ」と松下は答えました。田原氏はびっくりして、

「あなたは面接をして、その人の運が強いかどうかが分かるのですか」

「まあ、顔と略歴を見たらだいたい分かりまんな」

ちなみに、その時松下幸之助が松下政経塾生の選考基準として挙げたのは、この運の強さ以外に、ひと通り勉強ができていること、皆の前で自分の意見をしっかり話せること、そして愛嬌《あいきょう》の持ち主であることの四点でした。

とりわけ〝運〟の良し悪しというのは、天から与えられるもので、誰にも予測できないというのが通説かと思います。しかし、どう解釈するかはその人が何を考え、どのような姿勢で生きているかによって千差万別なのです。

例えば事故に遭《あ》おうものなら、多くの場合、「なんて運が悪いんだ」と思いがちですが、「命拾いして運が良かった。私は強運だな」という人もいるは

ずです。

運がないと思えば、消極的でおもしろ味のない人生になりますし、運が強いんだと確信していれば、どんなことでも受け入れ立ち向かう勇気と力が生まれてくる。松下はそれがとても大事なことだ、特に上に立つ人は、積極性に富んでいて、運が強いと確信している人がふさわしいと考えていたのでしょう。

松下幸之助の言う、《運の強い人》という言葉の中には、そういったマイナスの状況の中でもプラス発想で考えられる人、人生を積極的に生き抜く人という意味が含まれていたように思います。

『松下幸之助 元気と勇気がわいてくる話』（岩井虔）より

幸之助は、人間の研究をしていく過程で、運の存在が人生を左右することに気がついたのだと思います。

私も、20歳のときに、運についてある人から教えてもらう機会がありました。

運は人に公平に与えられているが、目の前の状況にどう反応するかで、その後の人生が決まるということを教わりました。

たとえば、不運に見舞われたとき、そこで駄目になる人と、復活できる人がいます。その違いは、「どんな状況でも、希望を捨てないことだ」と思います。

幸之助は、度重なる不運にめげなかったからこそ、運をつかめたのでしょう。

また、どんなときでも人に与えられるような人は、困ったときに、助けてもらえるのはないでしょうか。

幸之助は、長い人生を通して、運を作り、貯め、分かち合っていきました。

運の良さは、伝染するところがあります。ある程度運のいい人は、周りの人に幸運をわけてあげることができます。

トップが替わるだけで、会社や国、市の空気感がガラッと変わって一気に良くなるのも、そのためだと思います。

幸之助は、自分の運を良くすることを意識していたようですし、周りの運も上げていったからこそ、あれだけ成功できたのでしょう。

愛嬌の大切さ

「いくら能力があっても、愛敬のない人間はあきませんわ。むろん、女性の愛敬と、男の愛敬と、一寸、ちがいはありましょうが、とにかく、愛敬、人をひきつける、明るい魅力ですな。それがない人間はあきまへんわ。」

『Voice』1979年1月号

もうひとつ、幸之助が大事にしたのが、愛嬌（愛敬）です。

愛嬌は、「人間としての可愛いらしさ」です。これは、女性に限らず、男性にもあてはまることです。

人としての柔らかさ、楽しさ、おもしろさといったものかもしれません。

幸之助は、「商売で一番大切なのは、人に好かれることだ」ということを丁稚《でっち》時代に教わったようです。

その中でも大事なのが愛嬌、人間的な可愛げではないでしょうか。

人に可愛がられる、お客さんに愛されるのは、商売だけでなく、人生でも大切なことです。

私もいろんなメンターにつきましたが、成功している人は、例外なくとっても愛嬌がある人でした。

おちゃめと言ってもいいかもしれません。

その愛嬌にはいろんな種類がありましたが、その人なりの可愛いらしさが際立っているので、愛さずにはいられないのです。

愛嬌は、言葉の壁を超えて、伝わるものだと思います。

幸之助も、海外に視察に出かけたとき、熱狂的に現地の人たちに迎えられています。

この愛嬌は、人気とも通じるものがあります。

政界、芸能界、スポーツの世界でも、人気のある人は、どこか人間的に可愛いらしいところがあります。

1983年、YPO（青年社長会）国際社長大学というイベントが東京のホテルニューオータニで開催されました。幸之助の講演の後、若い外国人の経営者が、通訳を通じて幸之助と質疑応答をするステキな時間がありました。そこでひとりの外国人経営者が質問をしたのです。

――ビジネスマンの最も重要な責務は何でしょうか。

松下　ビジネスマンとしてのいちばん大事な責任はどういうことかというご質問ですね。

まあ、簡単に言うと、みんなに愛されることですね。ビジネスマンはみんなに愛されないといかんですよ。あの人がやってはるのやったらいいな、物を買《こ》うてあげよう、と、こうならないといかんですよ。そうやるには、奉仕の精神がいちばん大事です。奉仕の精神がなかったら、あそこで買《こ》うてあげようという気が起こらない。

そうですから、ビジネスマンのいちばん大事な務めは愛されることである。愛されるような仕事をすることである。それができない人は、ビジネスマンに適さないです。必ず失敗する、と、こういうことです。

『松下幸之助発言集5』（PHP総合研究所編）より

もうひとつ、同じ時期にPHP研究所で松下電器グループの社員や他社の社員を対象に行うゼミナールを企画していた岩井虔氏による貴重な証言があります。「指導者の条件」について10項目にわたって定義して、幸之助の意見を求めるべくメモを渡し、説明を始めたそうです。

メモには、①志を立てる、②好きになる、③自らを知る、④衆知を集める、⑤訴える、⑥まかせる、⑦要望を追求する、⑧叱る、ほめる、⑨責任を自覚する、⑩部下に学ぶ、という10項目が記してあったそうです。

松下幸之助は、うんうんとうなずきながら聞いていましたので、てっきり「これでいいわ」という返事が返ってくると思ったのですが、それは違いました。

「君、一つ大事なものが欠けとるな。何や分かるか」

もちろん、松下の目から見れば抜けているものがたくさんあるであろうことは承知していましたが、さて質問された一つとは何か、咄嗟《とっさ》に返事ができませんでした。

「いや、分かりません。何でしょうか」

「『愛嬌』や。愛嬌が入っとらんな」

「はっ、『愛嬌』ですか」

「君、部下が上司に何か提案を持ってくるとするわな。その時に上司が、〝ありがとう。よう持ってきてくれた〟という気持ちで受け取る場合と、〝どうせ、たいした提案ではないやろ。面倒やな〟という気持ちで受け取る場合がある。部下はそこに天地の違いを感じるもんや。上司の仕事は、結局は部下に良い仕事をしてもらうことであり、部下にさらに良い提案を持っていこうと思わせることやろ。それを、何か偉そうに腕組みしてケチをつけるのが上司の仕事やと錯覚しているヤツが多い。それでは部下は育たん。松下電器もこのように組織が大きくなってくると、どうも後者のように振る舞う上司が増えてくるように思えてならんのや。だから君、研修の時に松下の幹部によう言うといてくれ。〝あなた愛嬌がありますか。人間的魅力がありますか。松下創業者がそのことをいちばん心配しとります〟とな」

『松下幸之助 元気と勇気がわいてくる話』(岩井虔)より

愛嬌と運は、お互いを補完するところがあって、セットでその人の運命を変えるところがあります。

私のことで恐縮ですが、17歳のとき、海外で1年間ボランティアをする民間大使選抜の面接を英語で受けたことがあります。

英語がうまく話せなかった私は、剣道着を着て、身振り手振りでスピーチをしました。

すべて英語だったので、みなさんが何を言っているのかさっぱりわからなかったのですが、面接官の教授夫妻が大笑いしていたことは覚えています。

１００名を超える応募者の中から、見事に選ばれたのですが、英語が話せなかった自分がなぜ選ばれたのか、ずっと不思議に思っていました。

後に、面接をしてくれたアメリカ人の教授に聞いたところ、「君ならきっとアメリカ人に好かれると思った」と言ってくれました。

私が好かれるタイプかどうかわかりませんが、とにかくおもしろいことを言って、相手を楽しませよう、喜ばせようという情熱でスピーチしたのはたしかです。

そういうサービス精神、情熱が、愛嬌を作るのかもしれません。

アメリカでのボランティアに選ばれたことで、その後の人生は大きく変わりました。偶然知り合った人に、1週間自宅に泊めてもらったり、講演先を紹介してもらったり、ドラマチックな1年を過ごせたのです。親切なアメリカ人のおかげで、すばらしい体験をたくさんすることになりました。そういう意味では、アメリカ人に可愛がられたのは、間違いありません。

そのときの思い出を恩返しのつもりで、感謝とともに書いた『ユダヤ人大富豪の教え』が大ベストセラーになり、作家として活躍するきっかけとなったのです。


私は、よく幸之助の若い頃を想像するのですが、一生懸命に生きた彼は、きっと目上の人から可愛がられたと思います。そして、自分が偉くなってからは、恩返しのつもりで今度は若い人たちを助けてあげていたはずです。

それがまた、幸之助の運を作り、後に彼を強力にサポートしてくれることになったと思います。

もうひとつ、楽しいエピソードを、ある雑誌記者の報告でお読みください。

これは、乾電池工場の休憩室に幸之助がしかけた、いたずらのようなものです。

幸之助のおちゃめで愛嬌のある感じが伝わると思います。


守口・乾電池工場――外観はまことに殺風景であるが中にはいってみると、いろいろ変わった点が目につく。

たとえば、自己管理室という建物がある。

トビラを押してはいると〝みなさん毎日ご苦労さま　いまのあなたはいつものあなたでしょうか〟という言葉と、等身大の大きな鏡がかけられている。

その先へ行く。――今度は顔や形がゆがんでみえる曲面鏡が置いてある。

さらに奥へ行くと、縫いぐるみの大きな人形が2体鎮座。木刀が数本。そのそばに〝心ゆくまでどうぞ〟と張り札。思いきり、ぶったたけ！　と書いてあるのだ。

なるほど、一体のほうはよほど強くなぐられ続けたとみえて、皮が破れ、中からアンコがはみだす始末。

その奥へ進むと、松下電器の歴史が写真といっしょに要領よくまとめられている。

いちばん奥に、応接間スタイルの部屋があった。ソファの横にアンプが置いてある。そのボタンを押したら松下幸之助会長の声が流れてきた。

〝やあ今日は。ぼくは会長の松下幸之助です。ずっとこの自己管理室をみて回って、あんた、どうでした？　少し心が休まったですか……。（中略）あんたは今日、どうしてここへきたか、ぼくは理由は知らないが、なににしてもこの管理室は東君《あずま》がどうしたらいい職場環境が築けるか、そういう発意でできたもので、東君の思いやりというか配慮を考えてみると、ぼくはほんとうにうれしい。何よりも、ぼくの頭が下がった。

人生にはいろいろなことがある。それをどう受け取るか、明るくとるか、あるいは悲観的にとるか、人によって、生まれ、育ち、体験などによって受取り方が違う。楽しくないことがあったら、あんたも、この管理室へ何回も来てもらいたい。

1日に3回も4回も来たらいい。そして、東君の意のあるところをくんで、明るい気持をもってもらいたい。上の人は上の人で、いろいろ考えているんだな、ということを知ってもらえたらいいと思う。

まあひとつ、この部屋を出たら気分を一新して、身体にも十分気をつけて、また仕事に励んでもらいたい。……頼んまっせ、わかってまんな〟

『プレジデント』(1971年1月号)より

幸之助のメッセージがテープで流れるとは、なんともユニークなアイディアですね。メッセージからも、彼の社員を思いやる、あたたかさが伝わってきます。

この一風変わった自己管理室を作ったのは、エピソードにも登場する電池事業部本部長の東國徳氏《あずまくにのり》だそうです。

作られたのは1961年7月で、当時は新聞や雑誌などによく取り上げられ、外国の通信社が取材にくることもあったとか。

幸之助の愛嬌たっぷりの、おちゃめな一面が窺えるエピソードでした。

著作だけを読むと、幸之助は、哲学者のような堅い人物を想像しますが、ふだんは、おちゃめで、冗談を言う人でもあったようです。

ＰＨＰ研究所が、まだ真々庵《しんしんあん》に置かれていたときのことです。

社員が落ち葉を掻いて集めていると、幸之助が通りがかりながら、「これが全部小判やったらええのになぁ」と、笑いながら言ったそうです。

幸之助に直接触れ合った社員は、みなそういった楽しいエピソードをいくつも持っています。

彼らの思い出に残る、可愛いらしい幸之助も、またひとつの側面です。

幸之助のおちゃめな一面は、多くの人を惹きつける魅力でもあった

夫婦で力を合わせること

ぼくは、これまでにたくさんのご夫婦を見てきましたが、あまりうまくいっていないご夫婦はどうもあまりほめあっていないように思える。その反対に、うまくいっているご夫婦は、たくまず自然のうちに、お互いがほめあっている、そういうことがいえると思うのです。

『人生談義』

歴史上の偉人を見ていくと、興味深いことにある共通点があります。

すばらしい人物の陰には、優れたパートナーがいるということです。

幸之助が尊敬して社内に銅像まで建てたエジソンには、毎晩エジソンが帰ってくると、どんなに遅い時間でも、その日どういう仕事をしたのかを、笑顔で聞いてくれる妻がいたそうです。

そうやって最愛の妻に対して、研究の話をしているうちに、新しい構想がわいてきたに違いありません。

松下幸之助は、明治の男で、家庭を大事にするマイホームパパというタイプではなかったようです。

あるインタビューでも、家族サービスは全くしないと答えていました。

今の基準では、決して理想の夫とは言えないかもしれませんが、彼なりに、夫婦の仲の良さを大切だと考えていたようです。

幸之助は、お得意先の信用を計るひとつの物差しとして、お得意先の夫婦関係を大事な要素にして見ていたというのです。

商売を始めた当初、幸之助が取引をしていたのは小規模な個人の電気屋さんばかりで、その多くは資金に余裕がありませんでした。したがって、対物信用でお店を判断するということになると、ほとんどのお店は信用があるとは言えなくなってしまいます。しかし、だからといって、どこかのお店と取引をしなければ、幸之助の商売自体が成り立っていきません。

そこで、いろいろと思いをめぐらせた結果、対物信用ではなく、対人信用でそのお店の信用を判断してみよう、と考えたのです。対人信用というのは、お得意先の主人に対する信用です。個別商店ですから、そこの主人が信用できる人柄かどうか、ということです。

しかし、対人信用の目安を、ご主人の人柄におくだけでは不十分です。そこで私は、その目安を、もう一つ別のところにもおいたのです。それは、そのお店のご主人夫婦の仲がよいかどうか、ということです。夫婦が仲よく、二人で気を合わせて仕事を進めているお店、たとえばご主人が外を回れば奥さんは店番をするというようなお店であれば、これは信用があると判断するわけです。そのようなお店なら、まず取引をしても大丈夫だろう、そう考えて商売を進めたわけです。

ところが、そのようなお店でも、なかにはその後に倒産したところもあります。そういうお店では、たまたま夫婦がケンカをして仲が悪くなっていたというのです。私は、やはり夫婦の仲が悪くなると、商売もうまくいかなくなるものなのかと、つくづく感じました。

考えてみれば、同業者が倒産するということもあった中で、私のところは倒産することもなく続けることができたのは、結局、お得意先が倒産しなかったからだと思うのです。そしてお得意先が倒産しなかったということは、対人信用を対物信用よりも大事にしていたことも大いに関係があったのではないかと思います。夫婦の仲がよいということが信用の力強い裏づけになると考えたことは、私自身の体験から必ずしも間違っていなかったと思っているのです。

夫婦の仲がよいこと。これはなにも商売上の信用を得るためということだけでなく、多少の例外はありましょうが、何ごとにおいても、事を進める上で大切なことと、そう思うのです。

『商売心得帖』（松下幸之助）より

夫婦関係の大事さは、ビジネスでは、意外に評価されるポイントになっています。実は、今のコンビニなどのフランチャイズ店募集の際にも、夫婦関係の良さは密《ひそ》かなチェック項目になっているようです。

なぜなら、長時間一緒に仕事をしなければいけないのに、夫婦仲が悪かったら、それはお店の雰囲気に出てしまうからでしょう。

そして、いざ離婚するという話にでもなれば、店の存続にも関わります。

幸之助は、自分がうまくいったのは、取引先の倒産が少なかったからだと語っていますが、こういう視点からもリスクヘッジをちゃんとしていたようです。

そして、自分を支えてくれた妻に対する感謝も忘れませんでした。

幸之助は明治の男なので、今の尺度では測れないところがありますが、それでも、感謝の気持ちを表したことがあります。

松下電器創業50周年の式典に、幸之助は、妻とともに出席しました。

1974年(昭和49年)、幸之助とむめの夫人による「九州の旅」のひとコマ

そこで、めったに公の席で妻のことを話さない幸之助が、「自分が成功できたのも、妻のおかげだ」と語ったのです。

会場でその言葉を聞いた人たちも、相当びっくりしたことでしょう。

挨拶の最後で「奥さん、長い間どうもありがとう」と壇上から妻のほうにむけて深々と頭を下げた幸之助に、会場全員が万雷の拍手を送りました。

そこに居合わせた人たちは、みな感動して涙を流す人も多かったそうです。

コラム

顔つきがいいことがリーダーの条件

幸之助は、リーダーになる人間は、顔つきがいいことが大切だと考えていました。

80代になっても、愛嬌のある笑みを絶やすことはなかった

あるとき、「今の松下電器のトップに欠けているのは愛嬌や」と語ったそうです。顔つきからそう判断したのかもしれません。実際、部下に対しては、よく顔つきが悪いと注意したそうです。怖い顔をしていると、部下が意見を言いにくいと言うのです。

「毎朝顔洗うとき鏡見て、よう研究せい。どうしたら柔和で皆が近寄って話をしたがるような顔になるか。役者なんかいつも鏡を見て、どうしたらどんな顔になるか、よう研究しとるやろ。

人の上に立つ経営者はな、顔つきや表情までいつも研究せんとあかんで。そうせんと皆の知恵が集まらんのや」

と語ったそうです。

こういったことも、幸之助の長年にわたる人生の体験から得た知恵なのかもしれません。

第 六 章

世界を愛し、与え続けた松下幸之助

信用を大事にし、恩に報いる

お互い人間が一人前になるまでには、だれかの力を借りるというか、引き立てていただくということは、少なくとも一回や二回はあると思う。これはいいかえれば社会の恩恵を受けるということである。われわれは、そういう恩恵に対していかに報いるかということを終生忘れてはならない。

『その心意気やよし』

幸之助が人生で一番大切にしたのは、「受けた恩に報いること」だったのではないでしょうか。

取引先、お客さん、社員に助けてもらった恩を生涯忘れませんでした。

全くのゼロからスタートした自分が成功できたのは、たくさんの人に支えられたおかげだった。その人たちの応援や支えがなかったら、こんなにうまくいかなかったと本当に考えていたと思います。

社会貢献に関しても、形ばかりのものではなく、常に、「与えてもらった分をお返ししなければ」と思って、喜んでやっていた節があります。

この章では、幸之助が、具体的に世界にどう与えていたかを見ていきます。

また、その結果、多くの人に愛された幸之助についても触れます。

幸之助を直接知る元部下の方と話をしていたところ、「保信部」という言葉が出てきました。

人を大切にして、たくさんお礼をしていたという関連で出てきたのですが、松下電器は会社としても、「恩に報いる活動をやっていた」という話を聞きました。

早速パナソニック本社にお願いして、調べてもらったところ、とても興味深いことがわかりました。幸之助は、保信部という部門を作っていたのです。

保信部（当初は保信課）は、1936年に設立され、会社の内外の恩顧者に対して、心と形で感謝の気持ちを伝えることを目的として設立されました。結婚、誕生、入進学、新築などのお祝いから、病気、被災、葬祭などのお見舞いやお悔やみまでの業務が含まれていました。

普通の会社なら、総務や秘書課がやっているのかもしれませんが、わざわざ部署を設けるのは、それだけその仕事が大切だと考えていたからでしょう。

当時の内部資料を見せていただきましたが、恩顧者にはどういう人がいるのかまで、図入りで説明がされていました。

単に盆暮れの付け届けの類《たぐい》ではなく、お世話になった人の恩に報いるための活動が仕事でした。

たとえば、取引先の社長が亡くなっても、その息子さんが進学したら、お祝いを贈るなど、きわめて広範囲でなされていたようです。

当時の保信部の活動を物語る証言が残っています。ある部下が保信部を訪ねていったときの話です。


ある朝保信部へ行きましたら、佐原部長が古い名簿を沢山机の上に並べて、鉛筆で一つ、一つチェックしておられた。

「何をなさっておられるのですか」とたずねたら
「今朝雷が落ちてな」と。

「冗談じゃありませんよ。今日は朝から快晴ですよ」。

「実は、今朝おやじさんにガツンとやられてね」と。

今朝お中元の名簿を（松下幸之助）相談役にお眼通しねがおうと思ってお部屋へ行った。

「佐原君。中山さんがないがどうしたか」とたずねられた。

「昨年おなくなりになりましたので削除しました」

「この大馬鹿者め。中山さんが死去されても、奥様、お子様がいらっしゃるではないか。大変御恩のある方のお中元を一代限りでやめてしまうなどと誰が決めた。もっての外だ」

「渡辺さんはどうしたか」と。

「1月にロンドンへ転勤されましたので」

「何処へ転勤しようと、大変お世話になった方にはたとえ海外であってもなぜ差上げぬのか。何のために日本航空が飛んでいるのか」と。

ほうほうのていで部屋へ帰って来て、古い名簿を出してチェックしておられたのであった。


『松下相談役から学んだこと』

（河西辰男著／松下電器産業教育訓練センター）より

本人が亡くなった後もお中元が届いたり、転勤しても海外にまでプレゼントが贈られてきたら、受け取った人は、とっても感激したことでしょう。

そういう人が電気製品を買うときは、やっぱり松下の製品を買いたい、と考えたのではないでしょうか。プレゼントをもらった人につながる家族、親戚、友人、仕事関係者も、そういう話を聞いて、松下のファンになった可能性があります。

ところで、さきほどの保信部ですが、取引先代理店の店主の人柄、お金や人間関係にしっかりしているかどうかなどの情報も集めていました。

担当者が替わっても、すぐに取引先の家族関係、人間関係などがわかるようになっていたのです。

そういう情報は、仕事上でもとても役に立っていたはずです。

保信部は、信用管理の上で、情報センターの役割を果たしていたわけですが、ビジネス的な問題の芽を事前に摘《つ》み取ると同時に、ファンを増やすという効果もあったのです。

どこまで計算してやっていたのかわからないところもありますが、幸之助の、恩に報いる器の大きさと、商売上手な面の両方が見えてきます。

幸之助のお金観

自分の金、自分の仕事、自分の財産。
自分のものと言えば自分のものだけれど、
これもやっぱり世の中から授かったもの。
世の中からの預りものである。

『続・道をひらく』

実業家として大成功した幸之助ですが、お金については、どう考えていたのでしょうか？

亡くなったときの遺産額は、２４５０億円で、歴代1位になっています。バブルの頃だったこともありますが、当時、日本有数のお金持ちだったことは間違いありません。

彼にとって、お金とは、どんなものだったのでしょうか？

若い頃は貧乏だったので、お金に対しては、ある種の執着があったはずです。お金がないことで、いろんな不自由もあったことでしょう。

けれども、成功してからの幸之助に、お金に対する執着心は見られません。それは、基本的にはお金に関して、幸之助が淡泊であったからだろうと思います。

彼がお金を目的に仕事をしていたら、社員が１０００人ぐらいの中小企業のおやじさんとして、幸せな生涯を終えたかもしれません。でも、彼には仕事や人生に関しての明確な哲学があり、自分のビジョンのために仕事をしていました。

世の中にお金をもっと儲《もう》けたいという人は多くいますが、そういう人は、たいてい途中で失敗します。それは、損と得の道があれば、得しようとばかりするからです。でも、そういう人は、儲け話に走って結局お金を失ってしまうのです。

でも、幸之助のように、自分の信じる道を進んでいる人にとっては、途中でお金のことは、あまり気にならなくなるのでしょう。

そして、気がついたらお金持ちになっていたという人が多いのです。

彼がお金について語っているエピソードはあまりないのですが、ひとつご紹介しましょう。

ぼくは、昭和六年（一九三一）に自家用車を買いました。その時分大阪で五十九番目ですわ。知事さんが一号です。昭和六年にスチュードベーカーというのは六千五百円していたんです。それをぼくは五千八百円で買《こ》うたんです。

その昭和六年の時分に非常に不景気になりましてね、そのときにぼくは、

この際に、金のある者は金を使え、そやないとみな仕事なくなると思ったんです。ぼくは友人にきかれたんです。

「松下君、ぼくは家を建てようと思うてね、図面もちゃんと引いたのやけど、非常に不景気になってきたから、隣が不景気で困ってはるのに家を建てるというのはえらい具合が悪いのでやめようと思うんや、どう思うか」と言う。

「それはきみあかん。そんなことは許されん。きみのような金持ちは、こういうときに金使わなならんのやないか。またこういうときに金使《つこ》うたら大工さんでも勉強してくれる。そんなこと遠慮する必要ない。おれはほんとうは自動車要らなんだけども、自動車屋が困ってるんや。こういうときに自動車買《こ》うてやったら景気直るんや。金ある者は金使わないかんと思うておるから買《こ》うたのや。きみも家建てろ」と話したんです。そしたらすぐ建てて「安うできた」と。(笑)喜んでおるんですよ。

『松下幸之助発言集4』(PHP総合研究所編)より

幸之助が、お金を自分だけのものではないと考えていたことが伝わってきます。

自分のためというよりも、社会から一時的に預かっているだけだという感覚で、健康的な距離を保っていたからこそ、本当に大切な事業に集中できたのでしょう。

幸之助は、経済的にも、波瀾万丈《はらんばんじょう》の人生を送りました。

たとえば、戦前には、２０００万円（今の価値で約２００億円）もの資産を築いていました。

９歳から働きづめに働いての成果です。

ところが、そんなにも稼いだのに、戦後、計算したら、個人的な負債が、７０００万円（今の価値で約70億円）もできてしまっていたのです。

それだけ考えれば、とってもショックだったでしょう。

９歳から51歳まで、40年以上も働き続けた結果が、マイナス70億円というわけですから、やり場のない怒りがこみあげたはずです。

それも、本当はやりたくなかった軍の仕事を国のためだと思って引き受けたために、個人保証した分が負債になってしまったのです。

戦後まもなく、GHQ（連合国軍最高司令官総司令部）から課された7つの制限（制限会社、財閥家族、賠償工場、公職追放、持株会社、集中排除法の各指定と、軍需補償の打ち切り）も、幸之助に大きな打撃を与えました。中でも財閥家族と公職追放の指定は厳しいものでした。

日本経済を動かしてきた財閥にも戦争責任があるからこれらを解体する、というGHQの政策が財閥家族の指定でした。そしてなぜか松下家もこのひとつに数えられ、資産が凍結されてしまったのです。軍の要請で軍需品生産に携わった松下電器は、終戦の頃には約60の子会社や工場を傘下《さんか》に持ち、一見すると財閥のような経営形態だったことがその原因でした。

自分の財産であっても許可なしでは勝手に触れることができず、しかも一歩たりとも事業所に入ることが許されません。この頃、親しかったサントリーの鳥井《とりい》信治郎《しんじろう》氏に、個人的に生活費を借りてしのいだという話も後にしています。

何代にもわたって日本経済を動かしてきた財閥と、裸一貫から会社を築いてまだ30年にも満たない松下電器とを同列に扱われ、さぞかし驚き、悔しい思いをしたことでしょう。

そしてこれは誤った指定であると確信した幸之助は、徹底的に抗議することを決意しました。５０００ページにものぼる資料を提出し、超満員の汽車で東京に行くこと50回超、３年半後についに指定解除を勝ち取りました。

一方、旧軍需会社の全役員に適用される公職追放については抗弁の余地がなく、幸之助も社長辞職やむなしと、密かに腹を決めました。

ところが驚いたことに、従業員や代理店が追放解除に向けて立ち上がったのです。特に設立されたばかりの労働組合は、政府とＧＨＱに対し幸之助の公職追放除外の嘆願を行いました。

そんなこともあって、幸之助は指定翌年には指定条件が緩和され、さらにその数カ月後に完全に解除されました。

戦後の発展

戦前、戦中、戦後の動乱期の十数年は、幸之助にとって失われた十数年だったはずです。

物資が滞《とどこお》り、自分の工場で軍需関係の製品を作らなければならなくなる。そして、7つの制限。数々の試練に見舞われますが、「生きているだけでも幸運だった」と後に語っています。

失われた年月を経て、ようやく活躍できる時代がやってきたのは、戦後5年もたってからです。

1951年、幸之助は初めてアメリカの地を踏みます。最初は、1カ月の予定を延ばし延ばししているうちに、3カ月も滞在することになりました。

当時のニューヨークは、24時間明かりが灯《とも》る大都市でした。

一方、日本はようやく戦後の混乱が落ち着いてきたとはいえ、東京でも、毎日

1時間は停電していたようです。

今の東京からはとても考えられないことですが、それだけの日米のギャップに、幸之助は驚いたことでしょう。

幸之助が渡米したとき、ラジオは、アメリカ人の労働者なら3日分の賃金で買うことができました。しかし当時の松下電器の給料では、28日分もいったのです。

また、2度目の訪米で見学に訪れた有力な乾電池会社の機械設備を見て、最初の訪米時に〝最新式〟として買った機械が、旧式であることを知ります。

どういう意味かというと、一流メーカーでは自社で製造機械を開発しているため、一般の機械業者が売る機械よりも数段すぐれたものがあるということです。そうしてこそ本当の発展があるということを痛感します。

そうやって、世界基準が何かを知り、日本の遅れを悟った幸之助は、大いに奮起したことでしょう。

その後、他社に先がけて「5カ年計画」を発表したり「週休2日制」を導入したりするのも、この流れの中で考えるとよくわかります。

3カ月に渡るアメリカ滞在は、幸之助に多大な影響を与えた

最初の5カ年計画は1956年、幸之助が61歳のときのことで、220億円の年商を5年で800億円に、従業員を1万1000人から1万8000人に、資本金を30億円から100億円にするというものでした。

これには、多くの人がびっくりしたようです。小さな町工場ならともかく、大企業は、そんな突拍子もないことを発表しないのが普通だったからです。

不可能だ、大企業はそういういい加減なことを言わないほうがいい。

そういう批判があったはずです。

しかし、幸之助には、確固たるビジョ

ンが見えていたのでしょう。

なんと、この目標は、5年を待たず、4年でほぼ達成することになるのです。

この時期は、日本の経済が急ピッチで回復、急成長した時期でもあります。

その波に乗って、松下電器は快進撃を続けます。

1959年には、アメリカ松下電器を設立して、世界企業へと発展していく足がかりを築きます。失われた十数年を一気に取り戻すかのような大発展を遂げるのです。

1960年には、週休2日制を5年後に導入すると発表して、再び業界を驚かせます。

幸之助が少年の頃は、休みは、盆と正月だけでした。それ以外、商売人は（そして多くの人が）、ずっと休みなく働いていたのです。

しかし、幸之助は、週5日働いて、週末は、休養したり、家族との時間を過ごしたり、自分のための勉強に時間を使うべきだと考えていたようです。

結果的には、これも約束通り5年後の1965年に実現します。

１９６７年には、５年後に松下電器の賃金を、欧州のレベルを抜いてアメリカ並みにするという目標を掲げます。

そういった目標は、戦後の混乱を経て、欧米に追いつこうとする日本の夢でもありました。

実際に、欧州を抜いてアメリカに近づいたのは、１９７０年代でした。

幸之助が60代になった昭和30年代には、日本経済も松下電器も急成長しました。ピンチ続きの40代、50代を経て、60代にようやく一息ついたことでしょう。

そこからは、快進撃という言葉がぴったりするほど、幸之助と松下電器の大躍進が始まります。

その後の松下電器の発展は、多くの人が知るところでしょう。

世界に与える

人は、ある程度の経済的成功を果たしたら、次に何を考えるのでしょうか？

成功した実業家が、次に何をするか、いろんなパターンがあります。

死ぬ直前まで自分のビジネス帝国を拡大させ、出張先のホテルで亡くなる現場主義の経営者もいます。こういうタイプは、引退しません。

ある程度の成功を収めたら、リタイヤして、大きな家を建てたり、海外に住んだり、ゴルフ三昧《ざんまい》の生活をするという人がいます。これに、お酒や派手な男女関係が絡《から》むと、たいていどこかで身を持ち崩すことになります。

美術品の収集などに熱心になる人もいます。趣味が高じて世界中を旅行して美術品を買いもとめ、美術館を作る人もいます。

オーナーの名前を冠した美術館は、たいていそういう経緯で作られています。

また、自社株を提供して、学校を作ったり、公益財団法人を作ったりする人もいます。

幸之助は、社会貢献に熱心なタイプでした。そのため、公共の役に立つと考えられる方面に多くの寄付をしました。

たとえば、１９６４年には、資金難で止まっていた大阪駅前の陸橋の工事費を松下電器で負担しています。

有名なところでは、浅草寺《せんそうじ》の雷門と大提灯《ぢょうちん》は、松下幸之助が１９６０年に寄贈しています。病気が治ったお礼として贈ったようです。

すばらしいのは、今も10年ごとに大提灯の張り替え新調が行なわれる際には、パナソニックが会社として、会社としても、幸之助の社会貢献という文化を引き継いでいるということでしょう。

幸之助は、これ以外にも、たくさんのところに寄付を行っています。

郷里和歌山の和歌山市立体育館は、幸之助個人の寄付によって建てられています。

浅草寺の雷門ほど知られていなくても、幸之助の寄付は実に広範囲に及びます。

世界の平和、繁栄を願う

どうしたら、人は平和に暮らせるのか。繁栄を享受できるのか。

これは、戦後、ＧＨＱによってさまざまな制限を受けたために仕事ができなかった頃に、ずっと幸之助が考えていたことです。

ＰＨＰ活動をスタートさせ、いろんな集まりに出かけていっては、あるいはみずから主宰しては、繁栄、平和、幸福について、人生について、話をしたようです。

「今まで講演らしい講演もしたことのない一介の電器屋が、よくあんなことがやれたものだと、今考えれば冷や汗の出る思い」と後に述懐していますが、幸之助の話は、戦後の混乱期に平和を切実に願う人にとって、心に染みる話だったのではないかと想像します。

その後、徐々に制限が解かれ、経営者として復帰してからは社業が忙しく、しばらくＰＨＰ活動から離れることになりました。

60代後半、社長を退任した後に、ふたたびＰＨＰ活動に力を入れ始めます。

ＰＨＰ活動の拠点を置いた真々庵で過ごす時間と、松下電器の会長室で過ごす時間は、質が違ったようです。

ＰＨＰ研究所の当時のメンバーの方からお話を伺う機会があったのですが、

真々庵で過ごす幸之助は、リラックスしていたときが多かったと話されました。

あるとき、松下電器の本社に行ったとき、幸之助の様子が違ったので、やっぱり会社は戦場のようなところで、大きな会社の総帥《そうすい》として、プレッシャーがあったのではないかという話をされていました。

ライフワークのPHP活動をこよなく愛し、真々庵での時間を愛《いと》おしく感じていたのだと思います。

この頃になって、ようやく、自分の会社も自分の手元を離れて独り立ちしたように感じたのかもしれません。

人生では何が大切なのか、人にはそれぞれの優先順位があります。

幸之助も、若い頃は、自分の生活を成り立たせるだけで、精一杯だったことでしょう。それが次第に、自分の社員、会社、地域を考えるようになり、大阪、関西、日本へと、視野が広がっていったのだと思います。

幸之助のスケールの大きいところは、日本だけにとどまらず、アジア、世界を視野に入れていたことです。

松下政経塾の設立

「日本が、西洋と東洋の架け橋になる」ことを幸之助は予見していました。そのための人材育成が、幸之助晩年のライフワークです。

幸之助には、人生を通して、３つのライフワークがあったと考えています。松下電器は、ビジネスのライフワーク。ＰＨＰが思想のライフワーク。そして、松下政経塾はリーダー育成としてのライフワークです。

松下政経塾を設立するにあたっては、ずいぶん考えたのではないかと思います。周りの意見を人一倍聞く幸之助のことですから、自分の構想をたくさんの人に聞いてもらって、また多くの人に広く意見を求めたことでしょう。

それに対して友人の多くが、実業家が政治に口を出してもいいことはひとつもないとアドバイスしています。事実、反対する人が多かったため、政経塾の構想を一時中断しています。

それでも、やむにやまれぬ思いがあり、心が揺れながらも政経塾を設立する覚悟が固まっていったようです。

事業を60年以上続け、「最後にやりたいことは、人材を残すことだ」という結論にいたったのだと思います。

そして、日本だけでなく、世界のリーダーになる人材を見つけ、育てるための塾を作ったわけです。

それはなんと、幸之助が84歳のときでした。

その選考基準が、先に述べたように「運と愛嬌」だったのです。

新しいことを始めなくても、幸之助には、もう十分に名誉も社会的地位もありました。逆に、晩節を汚《けが》す、政治に対する欲が出たなど、いろんな反対や批判もあったことでしょう。

それでも、松下政経塾を作ったところに、幸之助の日本の未来に対しての切実な思いと情熱を感じます。

本書では、詳しいエピソードをご紹介する紙面がありませんが、84歳の幸之助がどういう思いで政経塾を作ったか、想像してみてください。

きっと、彼は、病床で、祈るような気持ちで、日本と世界に貢献できる人材が育っていくことを願ったと思います。

松下政経塾は、神奈川県の茅ヶ崎にあり、広大な敷地で塾生が自由に研修できるようになっています。

「生活の心配なく、研修に打ち込んで欲しい」という幸之助の願いから、入学金、授業料は無料です。それだけでなく、研修のための資金まで、塾が提供してくれます。4年間をかけて、世界にどのように貢献するのかをじっくり考えられるように、という配慮なのでしょう。

松下政経塾は、国の補助を受けることなく、幸之助が遺した資金の運用益で運営されています。

設立後、40年近くの間に、263名（2016年4月現在）の卒業生を送り出しました。

彼らは、政治だけではなく、マスコミ、ビジネス、教育など、幅広い分野で活躍しています。

政治の分野では、首相をはじめとする有力な政治家を多数輩出してきました。また、県知事や市長などの首長だけでなく、地方の政界にも、松下政経塾の卒業生が大勢います。

彼らは、それぞれの信条に基づき、ばらばらの政党に属しています。プライベートでは、お互いに仲はいいようですが、松下政経塾のメンバーで、徒党を組んだりはしていないようです。

このあたりも、自主独立を重んじた幸之助の影響でしょう。幸之助の目指したリーダー養成は、数十年の時を経て、着実に成果を出しつつあると言えます。

彼らが今度は次世代のリーダーを育てることを考えると、幸之助の教えは、確実に世代を超えて伝えていくことになります。

天国からその様子を見て、幸之助もきっとうれしく思っていることでしょう。

コラム

幸之助の知られざる寄付

幸之助は、生涯いろんなところに寄付を続けました。しかし、どこでもよかったわけではありません。

逆に、それが寄付するにふさわしいかどうかを常に吟味《ぎんみ》していました。

1985年（昭和60年）、第1回日本国際賞の授賞式で壇上に立つ幸之助

忘れられていた偉人たちの功績にも意識を向けていました。たとえば、京都の東山にあった明治維新に一命を捧げた志士の霊が祀《まつ》られた場所がありました。明治時代には、国費で祭《さい》祀《し》が行われていたのに、大戦後は憲法改正でできなくなり、荒れ放題になっていました。

「日本の恩人とも言うべき志士ゆかりの霊場をそのような状態にしては申し訳ない」と言って、周辺を整備して、史跡公園「維新の道」を完成させました。

また、日本国際賞は、日本発のノーベル賞並みの世界的な賞として設立されました。これも、幸之助がお金を拠出していますが、賞の冠《かんむり》に自身の名前は入れませんでした。こういうお金の出し方に、幸之助の人柄が偲ばれます。

終　章

感謝の心が、
運命をひらく

感謝の人、松下幸之助

一人の人間が生かされてゆくためには、直接間接に多くの人びとの協力、助力がいる。つまり、われわれが今日こうして生きていられるのは、自分一人の力ではない、世の多くの人びとのおかげがあればこそである。
それに気づいて感謝の心をもつかどうか。それができる人こそ、ほんとうに豊かな心の持ち主といえるであろう。

『思うまま』

この本もいよいよ残り少なくなってきました。

「松下幸之助とは、どんな人物だったのか?」と外国の人に聞かれたら、これからご紹介するいくつかのエピソードを読んでもらえればと思います。

この部分を翻訳して、いろんな文化の人に説明しましたが、みんな感動してくれました。

やはり、人間の思いというのは、万国共通なのでしょう。

ここに幸之助の人となり、生き方、経営哲学がすべて入っています。ここまで何度も登場いただだいた岩井虔氏の回想です。


昭和五十三年(一九七八年)一月、創業六十周年を迎えた松下電器の経営方針発表会が、大阪・枚方《ひらかた》にある松下電器の体育館で開催されました。出席者は松下グループの幹部社員を中心に七二九五名。私もその中の一人でした。

当時は五年続きの不況下にあり、壇上に立つ松下(幸之助)の口調もいつ

壇上で深々と頭を下げる幸之助。会場は感動に包まれた

になく厳しいものでした。

「昭和初期の世界恐慌、戦争直後の混乱期、昭和三十九年の熱海会談の時期をいかに切り抜けてきたかを思う時、最近の松下電器はたるんでいる。新しい対策が一つも出てこないのはいったい何事か」というような苦言が延々と続きました。私は〈きようは皆、六十周年のお祝いの気持ちで集まっているのに、お叱言《こごと》が少し長すぎるのでは〉と、内心ハラハラしていたものです。

ところが、挨拶の最後になって急にトーンが変わりました。

「なおこの六十年は、三人から始まり、今日一〇万人を超えて迎えることができた。次の六十年後の発展の姿は想像もできないが、とにかくこの六十年、これだけの仕事をしてくださった皆さんに、心からお礼を申し上げたい」

突然、この言葉とともに松下は演壇を降りて前方に立ち、一同に向かって深々と一ぺん、二へん、三べんと、頭を下げたのでした。最敬礼でした。この予期せぬハプニングに、会場はどよめきました。それと同時に感動の波が館内いっぱいに広がっていったことを覚えています。

不思議なことに、今でも研修などで、このビデオの最後のシーンを紹介すると、当時の事情を全く知らない人でも、深く感動されます。なかには目に涙を浮かべる方もおられるほどです。

『松下幸之助 元気と勇気がわいてくる話』（岩井虔）より

また、経営者の社員に対する心根について、幸之助は「命令」から「依頼」、そして「感謝」へと変えていかなければいけないということを言っています。私はとっても感動しました。

たしかに、従業員が10名ぐらいまでは、社長が陣頭指揮をとって、社員に「これをやれ!」と言うのでもいいかもしれません。

でも、社員数が100名を超えると、細かいことは任せていかないと、会社が回らなくなります。

だから、依頼調にならざるを得ないことは理解できます。このステージになっても、周りに命令している社長さんはたくさんいそうです。

もっと会社が大きくなると、ただ感謝しかできないというのも、想像ですが、ある種の悟りの境地なのかもしれません。

そうは言っても、命令したくなったりするのが人間の性《さが》でしょう。

中途半端な仕事をしたり、いい加減なことをやっていたら怒鳴り倒したくなる気持ちも理解できます。

しかし、よく考えてみたら、従業員が1万人もいたら、ひとりでやれることはあまりにも少なすぎます。どれだけ頑張っても、自分が非力であることを感じることでしょう。

みんなが頑張ってくれるよう、会社がうまくいくように、祈るような気持ちで、ただただ感謝しかないというのは、実体験に基づく、経営の到達点だと思います。

感謝と祈りの世界に行ったというのが、幸之助らしい感じがします。

最後のエピソードは、亡くなる前の主治医によるものです。

（一九八九年四月）二十五日頃のことだったと思います。依然として気管支の分泌物が多く、そのため呼吸が苦しくなるため、吸引を頻回《ひんかい》にする必要が生じました。

私が「痰《たん》をとるため管を入れます。すみませんが、ちょっとご辛抱お願いします」と申しますと、創業者は声をふり絞るようにして、「いや、お願い

1989年（平成元年）5月25日に行われた松下グループの合同葬

するのはこちらです」と、やっと聞きとれるかすれた声で答えられました。

「人の死なんとする、その言やよし」といいますが、苦しい臨終の床にありながら、なおも相手を思いやる創業者の人間性に強く打たれたものでした。結局、この言葉が創業者の最期の言葉になりましたが、今でも脳裏に焼きついている、忘れることのできない一言です。

『心身一如』（横尾定美／
松下電器健康保険組合）より

おわりに

松下幸之助の生涯は、文字通り波瀾万丈《はらんばんじょう》でした。

現在、世界的な企業になったパナソニックだけを見ると、幸之助のことを知らない人は、彼が順風満帆《じゅんぷうまんぱん》な人生を送ったように見えるかもしれません。

この本を読んでくださったあなたは、幸之助が、生涯を通じてずっといろんな試練に見舞われっぱなしだったことを理解していただけたと思います。

ですが、意外にも本人はそう思っていなかったようです。

あるインタビューで、「大変な人生でしたね」との問いに、「難儀はしたけど、苦労はしてない」と答えたそうです。

彼の人生の年表を見ると、楽なときは、ほとんどなかったかもしれません。いつも、いろんなピンチに見舞われ、そのたびに、「もうダメだ！」と思ったことでしょう。

戦前は厳しい不況や倒産の危機を乗り越えました。

戦後も、本書でお話ししたように、ＧＨＱからさまざまな制限を課され、何年も仕事ができない不遇の時を過ごしました。

幸之助のすごいところは、大変な目に遭《あ》っても、それだけで終わらないところです。それどころか、ピンチを上手に切り抜けた後は、そこからまたひとまわりもふたまわりも大きく、強くなっているのです。

次々と、試練の波が襲ってきても、決して溺《おぼ》れていないのです。

わずか３人から、70年で従業員20万人規模の世界的な企業を作り上げた幸之助ですが、生涯傲慢《ごうまん》になることはありませんでした。

後に〝経営の神様〟と呼ばれるようになっても、そのことに関してはずっと違和感があったようです。

彼が、どう思っていたかに関して、おもしろいビデオテープが残っています。

１９７６年３月、幸之助が81歳のときに出演したテレビ番組のものですが、その番組で印象的だったのは、視聴者からの「松下さんが、わしもこれで男になっ

たな、これで一人前になったなと思われたのは、いつ頃ですか」との問いに、

「おまへんな、まだ道を求めてるほうやから。これで一人前になったというような、そんな安気《あんき》な気分にはなれまへんね、まだ」と答えたことです。

それを聞いていた人は、相当ビックリしたことでしょう。

本人は、自分は学がないから、まだまだ学ばないといけないと本気で考えていたのではないでしょうか。

神様なんて言われても困っていたのでしょう。「自分は学が足りない」という気持ちが、学び上手の幸之助を作ったと言えるでしょう。

側近の人の話によると、満90歳の年頭、挨拶《あいさつ》に行ったところ、幸之助は、「PHP大学を作りたい」と話したそうです。

その大学は、自分が学長になるのではなく、一学生（入学生の第1号）として学ぶために作りたいと考えていたようです。

それだけ、もっと学びたいという純粋な気持ちがあったのでしょう。

周りからは、謙虚だと言われても、それが、彼のあり方だったのです。

彼の残した会社は、日本で有数の会社になりました。連結の従業員数では、トヨタ、日立、日本郵政に次いで4番目に大きな会社になっています。

3人で創業したときには、想像すらできなかったでしょう。

彼が設立したPHP研究所は、日本を代表する出版機能を有する民間のシンクタンクとして、数々の良書を世の中に送り出しています。

また、84歳で設立した松下政経塾は、首相をはじめ、たくさんのリーダーを輩出するようになりました。

彼の残したものは、しっかり、今の日本に生きています。

私は、本書の執筆にあたって、晩年の幸之助が愛した真々庵（現在の名称は松下真々庵）を見学する機会をいただきました。

亡くなって30年近くがたつのに、いまだに落ち葉ひとつ落ちていない美しく管理された状態の庭を見て、心から感激しました。

それは、幸之助のおもてなし精神を受け継いでいる人たちがここにも残っていることに対する感動でもありました。

今は、パナソニックの迎賓館《げいひんかん》として使われているのですが、毎日、当時と同じように完璧に整えて、お客様を迎える準備をしているのです。

今までいろんな庭園や邸宅を見せていただく機会がありましたが、これほどまでに行き届いた庭は初めて見ました。

幸之助が生きていたら、きっとたくさんねぎらってくれたと思います。

幸之助がよく瞑想《めいそう》にふけっていた場所に、しばし座らせていただきました。

その場所から、庭のきれいな緑をずっと眺めていたといいます。

その奥には、借景で京都の山々が見えます。

その向こうに、日本、世界を見ていたのでしょう。

すべての人が幸せに生きる世界を幸之助は夢見ていたのだと思います。

日本は、戦後70年たって、世界に誇れるようなすばらしい国になりました。

これから、日本は、先進国でありながら、かつ神秘的な伝統文化を持つ国として、ますます世界の憧れになることでしょう。

これも、幸之助たちの世代の人たちが頑張ってくれたおかげです。

私たちも、そのすばらしさをしっかり受け継いでいきたいものです。

最後になりましたが、すばらしい機会を与えてくださったPHP研究所のみなさまには、心から感謝申し上げます。幸之助について私が繰り出す数々の稚拙《ちせつ》な質問に、嫌な顔ひとつせず、いつも笑顔で誠実にお答えいただきました。楽しそうに幸之助について語るみなさんの表情を見るにつけ、僭越《せんえつ》ながら、幸之助の精神がこういう形で生きているのだと、とてもうれしく感じました。

幸之助のライフワークを生きているみなさまには、心から敬意を表します。

PHP研究所の佐藤悌二郎様、渡邊祐介様、中村悠志様、松下資料館館長の遠藤紀夫様、松下真々庵支配人の木下健久様には、事細かにご教授いただきました。

孫にあたる松下正幸様、長く幸之助と時間を過ごされたPHP研究所OBの岩井虔様、松下政経塾の卒業生の小田全宏様には生前の幸之助の様子を聞かせていただきました。

ご協力いただいたみなさまに、心から感謝申し上げます。

松下幸之助についての本を書くことは、作家として名誉なことであると同時に、大変なプレッシャーでもありました。

これまでに、優秀な研究者が数多くの本を書いているのに、いまさら自分が何を書いたらいいのか、迷うこともありました。

この1年、遺された膨大《ぼうだい》な文献と格闘しながら、松下幸之助という希有《けう》な人間の生き様を身近に感じてきました。彼のエッセンスをこの本にまとめるプロセスは、私自身がどう生きるべきかというテーマと向き合うことにつながりました。

これからの著作活動で、何らかの成果が出せることを願っています。

松下幸之助のファンのひとりとして、彼の魅力がみなさまに少しでも伝わることを祈りつつ、ペンを置きます。

初秋の八ヶ岳の書斎にて

本田 健

凡例

・書名の後ろの人名は著者名（「著」は省略）。編者等については「編」等とした。
・丸括弧内は出版社名。記載のないものはすべてＰＨＰ研究所刊。

出典一覧

第一章

・人間関係の達人
『人生心得帖』松下幸之助
『道は明日に』松下幸之助（毎日新聞社）
『リーダーになる人に知っておいてほしいこと』松下幸之助述／松下政経塾編

・心が響き合う関係
『若さに贈る』松下幸之助
『松苑　松下幸之助創業者とともに』（松下電器客員会）

・気配り上手
『社員心得帖』松下幸之助
『松苑　松下幸之助創業者とともに』（松下電器客員会）

第二章

・衆知を集める
『縁、この不思議なるもの』松下幸之助
『実践経営哲学』松下幸之助
『松苑　松下幸之助創業者とともに』（松下電器客員会）

・人使い上手
『経営心得帖』松下幸之助
『商売心得帖』松下幸之助

・感動を与える
『松下幸之助　若き社会人に贈ることば』ＰＨＰ総合研究所編

『人生は気合でっせ！』後藤清一（明日香出版社）
・任せ上手
『社員心得帖』松下幸之助
『〈ＰＨＰゼミナール特別講話集〉松下相談役に学ぶもの 第五集』ＰＨＰ研究所研修局編

第三章

・経営の神様としての松下幸之助
『道をひらく』松下幸之助
『松下幸之助からの手紙』松下幸之助文・述／ＰＨＰ研究所編
・仕事を楽しむ
『その心意気やよし』松下幸之助
『松下幸之助発言集29』ＰＨＰ総合研究所研究本部「松下幸之助発言集」編纂室編
『松下幸之助　若き社会人に贈ることば』ＰＨＰ総合研究所編
『販売のこころ』（松下電器産業株式会社電池事業本部）
・与え上手
『わが経営を語る』松下幸之助
『松下幸之助 経営語録』松下幸之助
・社員・取引先・お客のすべてをファンにする
『道をひらく』松下幸之助
『松苑　松下幸之助創業者とともに』（松下電器客員会）

第四章

・素直な心になる
『素直な心になるために』松下幸之助
『リーダーになる人に知っておいてほしいこと』松下幸之助述／松下政経塾編
『松下幸之助 元気と勇気がわいてくる話』岩井虔
・頼み上手
『人を活かす経営』松下幸之助
『松下幸之助 元気と勇気がわいてくる話』岩井虔

・叱り上手
『実践経営哲学』松下幸之助
『経営心得帖』松下幸之助
・謝り上手
『決断の経営』松下幸之助
『商売心得帖』松下幸之助

第五章

・ピンチの切り抜け方
『縁、この不思議なるもの』松下幸之助
『こけたら立ちなはれ』後藤清一
・運について
『人生談義』松下幸之助
『松下幸之助 元気と勇気がわいてくる話』岩井虔
・愛嬌の大切さ
『Ｖｏｉｃｅ』１９７９年１月号
『松下幸之助発言集５』ＰＨＰ総合研究所研究本部「松下幸之助発言集」編纂室編
『松下幸之助 元気と勇気がわいてくる話』岩井虔
『プレジデント』１９７１年１月号（ダイヤモンド－タイム社）
・夫婦で力を合わせること
『人生談義』松下幸之助
『商売心得帖』松下幸之助

第六章

・信用を大事にし、恩に報いる
『その心意気やよし』松下幸之助
『松下相談役から学んだこと』河西辰男（松下電器産業株式会社教育訓練センター）
・幸之助のお金観
『続・道をひらく』松下幸之助
『松下幸之助発言集４』ＰＨＰ総合研究所研究本部「松下幸之助発言集」編纂室編

終章
・感謝の人、松下幸之助
『思うまま』松下幸之助
『松下幸之助 元気と勇気がわいてくる話』岩井虔
『心身一如』横尾定美（松下電器健康保険組合）

参考文献一覧

PHP研究所
『松下幸之助発言集』1～45巻
なお、現在は「松下幸之助発言集ベストセレクション」（PHP文庫）が入手可能。
第一巻『商売は真剣勝負』
第二巻『経営にもダムのゆとり』
第三巻『景気よし不景気またよし』
第四巻『企業は公共のもの』
第五巻『道行く人もみなお客様』
第六巻『一人の知恵より十人の知恵』
第七巻『商品はわが娘』
第八巻『強運なくして成功なし』
第九巻『正道を一歩一歩』
第十巻『社員は社員稼業の社長』
『道をひらく』松下幸之助
『人事万華鏡』松下幸之助
『人を活かす経営』松下幸之助
『道は無限にある』松下幸之助
『日に新た』松下幸之助
『私の行き方 考え方』松下幸之助
『物の見方 考え方』松下幸之助
『素直な心になるために』松下幸之助
『人生心得帖／社員心得帖』松下幸之助
『商売心得帖／経営心得帖』松下幸之助
『社員稼業』松下幸之助
『人間を考える』松下幸之助
『若さに贈る』松下幸之助

『リーダーになる人に知っておいてほしいこと』松下幸之助述／松下政経塾編
『社長になる人に知っておいてほしいこと』松下幸之助述／ＰＨＰ総合研究所編
『人生と仕事について知っておいてほしいこと』松下幸之助述／ＰＨＰ総合研究所編
『松下幸之助　リーダーの言葉』松下幸之助著／ＰＨＰ研究所編
『松下幸之助の経営問答』ＰＨＰ総合研究所研究本部編
『松下幸之助　ビジネス・ルール名言集』ＰＨＰ研究所編著
『松下幸之助の生き方』佐藤悌二郎
『松下幸之助 元気と勇気がわいてくる話』岩井虔
『松下幸之助 強運を引き寄せる言葉』大江弘編著
『成功の法則』江口克彦

その他
『松下幸之助　成功の秘伝75』渡部昇一（致知出版社）
『松下幸之助の遺伝子』前岡宏和（かんき出版）
『松下幸之助翁　82の教え』小田全宏（小学館文庫）

装　丁――印牧真和
帯写真――貝塚 裕

〈著者略歴〉
本田 健（ほんだ・けん）
神戸生まれ。経営コンサルティング会社、ベンチャーキャピタル会社など、複数の会社を経営する「お金の専門家」。独自の経営アドバイスで、多くのベンチャービジネスの成功者を育ててきた。育児セミリタイア中に書いた小冊子「幸せな小金持ちへの８つのステップ」は、世界で130万人を超える人々に読まれている。『ユダヤ人大富豪の教え』（だいわ文庫）をはじめとする著書はすべてベストセラーで、その累計部数は700万部を突破し、世界中の言語に翻訳されつつある。ポッドキャストで配信中の無料インターネットラジオ「本田健の人生相談～Dear Ken～」は累計2300万ダウンロードを超える人気番組となっている。
主な著書に、『金持ちゾウさん、貧乏ゾウさん』『強運を味方につける49の言葉』（以上、ＰＨＰ文庫）、『20代にしておきたい17のこと』（だいわ文庫）、『きっと、よくなる！』（サンマーク文庫）、『賢い女性の［お金の稼ぎ方・ふやし方・守り方］』（きずな出版）などがある。

運命をひらく
生き方上手〈松下幸之助〉の教え

2016年12月８日　第１版第１刷発行

著　者　本田　健
発行者　岡　修平
発行所　株式会社ＰＨＰ研究所
東京本部　〒135-8137　江東区豊洲5-6-52
ビジネス出版部　☎03-3520-9619（編集）
普及一部　☎03-3520-9630（販売）
京都本部　〒601-8411　京都市南区西九条北ノ内町11
PHP INTERFACE　http://www.php.co.jp/

組　版　有限会社エヴリ・シンク
印刷所　大日本印刷株式会社
製本所　東京美術紙工協業組合

ISBN978-4-569-83176-3